工程施工与质量简明手册丛书

城市轨道交通弱电工程

张文宏 高建峰 孙松涛 ◎ 主编

中国建材工业出版社

图书在版编目（CIP）数据

城市轨道交通弱电工程 / 张文宏，高建峰，孙松涛主编. －北京：中国建材工业出版社，2021.5
（工程施工与质量简明手册丛书）
ISBN 978-7-5160-3176-6

Ⅰ. ①城⋯ Ⅱ. ①张⋯ ②高⋯ ③孙⋯ Ⅲ. ①城市铁路－电气设备－工程施工－技术手册 Ⅳ. ①U239.5-62

中国版本图书馆 CIP 数据核字（2021）第 054726 号

城市轨道交通弱电工程
Chengshi Guidao Jiaotong Ruodian Gongcheng
张文宏　高建峰　孙松涛　主编

出版发行：中国建材工业出版社
地　　址：北京市海淀区三里河路1号
邮　　编：100044
经　　销：全国各地新华书店
印　　刷：北京雁林吉兆印刷有限公司
开　　本：787mm×1092mm　1/32
印　　张：6
字　　数：120千字
版　　次：2021年5月第1版
印　　次：2021年5月第1次
定　　价：38.00元

本社网址：www.jccbs.com，微信公众号：zgjcgycbs
请选用正版图书，采购、销售盗版图书属违法行为
版权专有，盗版必究。 本社法律顾问：北京天驰君泰律师事务所，张杰律师
举报信箱：zhangjie@tiantailaw.com　　举报电话：（010）68343948
本书如有印装质量问题，由我社市场营销部负责调换，联系电话：（010）88386906

内 容 简 介

本书依据现行国家和行业的施工与质量验收标准、规范，并结合地铁弱电系统施工与质量实践编写而成，基本覆盖了地铁内各种供电方式施工的主要领域。本书包括信号工程、通信工程、综合监控工程、自动售检票系统、站台屏蔽门系统五部分内容。

本书可供地铁供电专业技术管理人员、专业工程技术人员和施工人员使用，也可供各类院校相关专业师生学习参考。

《工程施工与质量简明手册丛书》
编写委员会

主　　任：王云江
副 主 任：吴光洪　韩毅敏　吕明华　史文杰
　　　　　　毛建光　姚建顺　楼忠良　陈维华
编　　委：马晓华　王剑锋　王黎明　王建华
　　　　　　汤　伟　李娟娟　李新航　杨小平
　　　　　　张文宏　张海东　陈　雷　陈建军
　　　　　　林大干　周静增　郑林祥　赵庆礼
　　　　　　赵海耀　侯　赟　顾　靖　童朝宝
　　　　　　　　　　（编委按姓氏笔画排序）

《工程施工与质量简明手册丛书——城市轨道交通弱电工程》编委会

主　　编：张文宏　高建峰　孙松涛
副 主 编：孟　涛　胡　映　张幼文　李东锋
　　　　　王长刚　王祥涛
参　　编：王　瑜　方　晖　田　俊　田润华
　　　　　华宇峰　刘　健　刘小磊　刘建宾
　　　　　刘锦熙　刘新建　刘懂懂　许振宇
　　　　　李元吉　张　振　张科普　张莹钢
　　　　　张蕾丹　季　震　俞南均　娄晓仁
　　　　　耿　波　耿占权　贾清博　徐勇斌
　　　　　黄　凯　崔　凯　葛易生　雷远明
　　　　　魏　军

（参编按姓氏笔画排序）

主编单位：杭州市建设工程质量安全监督总站
　　　　　中铁一局集团电务工程有限公司
参编单位：杭州市地铁集团有限责任公司
　　　　　宁波市轨道交通集团有限公司
　　　　　中铁电气化局集团有限公司
　　　　　杭州三方建设集团有限公司
　　　　　福州地铁集团有限公司

前　言

为及时有效地解决建筑施工现场的实际技术问题，我们策划并组织专家编写了"工程施工与质量简明手册丛书"（以下简称"丛书"）。丛书为系列口袋书，内容简明实用，"身形"小巧，便于携带，可随时查阅，使用方便。

本系列丛书各分册分别为《建筑工程》《安装工程》《装饰工程》《市政工程（第2版）》《园林工程》《公路工程》《基坑工程》《楼宇智能》《城市轨道交通》《建筑加固》《绿色建筑》《城市轨道交通供电工程》《城市轨道交通弱电工程》《城市管廊》《海绵城市》《管道非开挖（CIPP）工程》。

《城市轨道交通弱电工程》依据现行国家和行业的施工与质量验收标准、规范，并结合地铁弱电系统施工与质量实践编写而成，旨在为相关工程技术管理人员、专业工程技术人员和施工人员提供一本简明实用、方便携带的小型工具书，便于他们在施工现场随时查阅，快速解决实际问题。本书包括信号工程、通信工程、综合监控工程、自动售检票系统、站台屏蔽门系统五部分内容。

对本书中的疏漏和不当之处，敬请广大读者不吝指正。

编　者
2020.02.01

目　录

1 **城市轨道交通信号工程** ………………………………… 1
  1.1 电（光）缆线路 ……………………………………… 1
  1.2 固定信号机、发车指示器及按钮装置 …………… 7
  1.3 转辙设备 …………………………………………… 13
  1.4 列车检验与车地通信设备 ………………………… 24
  1.5 室内设备 …………………………………………… 24
  1.6 防雷及接地 ………………………………………… 30
  1.7 室外设备标识及硬面化 …………………………… 32

2 **城市轨道交通通信工程** ………………………………… 36
  2.1 基本规定 …………………………………………… 36
  2.2 通信管线 …………………………………………… 37
  2.3 通信线路 …………………………………………… 41
  2.4 设备安装和配线 …………………………………… 47
  2.5 电源系统及接地 …………………………………… 49
  2.6 传输系统 …………………………………………… 56
  2.7 公务电话系统 ……………………………………… 60
  2.8 专用电话系统 ……………………………………… 63
  2.9 无线通信系统 ……………………………………… 67
  2.10 视频监视系统 …………………………………… 73
  2.11 广播系统 ………………………………………… 78
  2.12 乘客信息系统 …………………………………… 80
  2.13 时钟系统 ………………………………………… 84
  2.14 办公自动化系统 ………………………………… 87
  2.15 通信集中告警系统 ……………………………… 89

2.16　民用通信引入 …………………………………… 91
　　2.17　公安通信 ……………………………………………… 92
3　城市轨道交通综合监控工程 …………………………………… 96
　　3.1　基本规定 ……………………………………………… 96
　　3.2　质量控制要点 ………………………………………… 97
　　3.3　火灾自动报警系统 …………………………………… 100
　　3.4　门禁系统 ……………………………………………… 121
　　3.5　环境与设备监控系统 ………………………………… 125
　　3.6　气体灭火系统 ………………………………………… 127
　　3.7　综合监控系统 ………………………………………… 132
4　城市轨道交通自动售检票系统 ………………………………… 147
　　4.1　基本规定 ……………………………………………… 147
　　4.2　管槽安装及验收 ……………………………………… 148
　　4.3　线缆敷设及验收 ……………………………………… 152
　　4.4　设备安装与配线 ……………………………………… 156
　　4.5　电源、接地、防雷与电磁兼容 ……………………… 159
5　城市轨道交通站台屏蔽门系统 ………………………………… 164
　　5.1　施工安装要点 ………………………………………… 164
　　5.2　质量控制要点 ………………………………………… 171
　　5.3　站台屏蔽门质量验收 ………………………………… 174
参考文献 ……………………………………………………………… 175

1 城市轨道交通信号工程

1.1 电（光）缆线路

1.1.1 施工要点

1. 支架、线槽安装

1）电（光）缆的支架、线槽进场时应进行检查，其型号、规格、质量应符合设计要求及相关产品标准的规定。

2）支架的安装位置、安装高度及安装间距应符合设计要求。

3）支架在带有坡度的隧道内安装时，支架应与隧道的坡度相平行；支架在带有弧度的隧道壁上安装时，支架应与隧道壁的弧度吻合密贴。

4）支架不应安装在具有较大振动、热源、腐蚀性液滴及排污沟道的位置，也不应安装在具有高温、高压、腐蚀性及易燃易爆等介质的工艺设备、管道及能移动的构筑物上。

5）支架之间应采用 20mm×4mm 镀锌扁钢连接，并在站端与综合接地体连接，连接处应进行防腐处理。

6）金属线槽采用焊接方式连接时应焊接牢固，内层应平整，不应有明显变形，焊接处应做防腐处理。采用螺栓固定方式连接时螺栓应紧固。

7）金属线槽应接地，接缝处应有连接线或跨接线。

2. 电（光）缆敷设

1）电（光）缆敷设前应进行单盘测试，测试指标应符合产品技术条件及设计要求。

2）电（光）缆敷设路径、位置应符合设计要求。

3）电（光）缆直埋时，应有防护措施，并应符合下列要求：

（1）两设备间的径路应选择最短或通过障碍物及跨股道最少；

（2）不得在道岔尖端、辙岔心及钢轨接头处穿越股道；

（3）土质地带埋设深度不得小于 700mm，石质地带埋设深度不得小于 500mm，并均应在冻土层以下；

（4）电缆沟底应平坦、无石块和杂物，沟内电（光）缆应呈"蛇形"自然排列整齐、不交叉。

4）电（光）缆敷设的弯曲半径应符合下列规定：

（1）全塑电缆不得小于电缆外径的 10 倍；

（2）铠装电缆不得小于电缆外径的 15 倍；

（3）光缆敷设时的弯曲半径不得小于光缆外径的 15 倍。

5）电（光）缆敷设后外护层（套）不得有破损、变形或扭伤，接头处应密封良好。

3. 电（光）缆防护

1）电（光）缆防护用管、槽等器材进场时应进行检查，其型号、规格、质量应符合设计要求及相关产品标准的规定。

2）电（光）缆线路防护设施的设置地点、设置方式、设置数量应符合设计要求。

3）当采用金属管（槽）做防护时，应经热镀锌、涂漆等防腐处理。各类防护用管（槽）的两端口处应采取相应的保护措施；电（光）缆引入室内的引入孔应用防火材料封堵严密。

4) 电（光）缆穿越轨道、排水沟时必须使用防护管，并应符合下列要求：

（1）通过碎石道床过轨时，防护管两端各伸出轨枕端不应小于500mm，并埋于地面200mm以下，管口封堵应严密；

（2）在整体道床处过轨时，防护管两端应各超出轨枕端，并用管卡直接固定在地面上；

（3）穿越排水沟时，防护管长度应大于排水沟宽度，并在排水沟两端用管卡直接固定在地面上；

（4）防护管内径不得小于电（光）缆堆积外径的1.5倍。

5) 电（光）缆在地下接续时，地下接头装置应用线槽进行防护，防护长度不应小于1m。

4. 电（光）缆接续

1) 电（光）缆接续材料进场应进行检查，其型号、规格、质量应符合设计要求及相关产品标准的规定。

2) 综合扭绞信号电缆接续应A端与B端相接，相同的芯组内颜色相同的芯线应相接。

3) 电缆接续应符合下列要求：

（1）电缆接续应符合相应的工艺技术要求；

（2）电缆的地下接头应水平放置，接头两端各300mm内不得弯曲；

（3）屏蔽连接线及电缆芯线焊接时，不得使用腐蚀性焊剂，焊接应牢固；

4) 电缆在穿越铁路、公路及道口时，其距钢轨、公路和道口的边缘2m内不得进行地下接续；在距热力、煤气、燃料管道小于2m内不应进行地下接续。

5）光缆接续、引入成端的检验项目及质量要求、检验数量、检验方法，应按现行国家标准《城市轨道交通通信工程质量验收规范》（GB 50382）的有关规定执行。

5. 箱、盒安装

1）箱、盒的安装位置、安装高度及距线路中心的距离应符合设计要求。

2）电缆引入箱、盒应做成端，并应符合下列要求：

（1）电缆外护套和引入孔应做密封处理。

（2）电缆的钢带、铝护套、内屏蔽护套应连通。

（3）金属芯线根部不得有损伤；对外露金属芯线、端子和根部以下护层应做绝缘保护。

（4）电缆成端后应保持电缆芯组的自然排序，并应避免芯线混乱。

（5）电缆引入做头后应灌注绝缘胶固定，胶面应高于金属屏蔽层。

3）箱、盒内电缆配线应符合下列要求：

（1）引入箱盒内的电缆应在端子上与其他电缆或设备软电线进行连接，每根芯线应留有能做2～3次线环的余量；备用芯线的长度能保证与最远程端子进行配线连接；

（2）采用端子上线时，芯线线环应按顺时针绕制，线环间及线环与螺母间应垫垫圈；

（3）采用插接型端子配线时应一孔一线，并应连接牢固。

1.1.2 质量控制措施

电缆的型号、规格、电气特性和光缆的类型、光纤特性等必须符合相关要求；

综合扭绞线间绝缘电阻及任意芯线对地绝缘电阻阻值不得小于 3000MΩ/km；

测试单盘光缆的衰减及长度，单盘衰减常数在 1310nm 条件下不大于 0.36dB/km，在 1550nm 条件下不大于 0.21dB/km；

光、电缆绑扎平顺整齐不交叉，不得有凹凸不平；拐弯处弯曲自然，弧度一致；

与强电电缆平行或交叉敷设间距小于 500mm 时，采用钢管或钢槽防护；

敷设电缆时电缆弯曲半径应不小于电缆外径的 15 倍，光缆的最小弯曲半径不小于护套外径的 15 倍，接头处应密封良好。

1.1.3 质量检查及验收

1）槽与槽之间、槽与设备盘（箱）之间、槽与盖之间、盖与盖之间的连接处，应对合严密。

2）线槽与机架连接处应垂直，连接应牢固。

3）支架在安装前应经热镀锌防腐处理。安装用膨胀螺栓应垂直于安装切面，胀管全部在切面下，安装完毕后应涂刷防锈油漆。

4）支架安装应横平竖直、整齐美观，并应固定牢固。在同一直线段上的支架安装应间距均匀，同层托臂应在同一水平面上。

5）采用混凝土线槽时，槽内应光洁，并应无水泥掉块、缺损或钢筋外露现象；采用金属线槽时宜经热镀锌、涂漆等防腐处理，切口处应光滑、无卷边、无毛刺。

6）线槽的安装应横平竖直，并应排列整齐。垂直排列的线槽拐弯时，其弯曲弧度应一致。

7) 电（光）缆在电缆支架上应分层敷设，并排列整齐、自然松弛，同层架设时不应扭绞、交叉。

8) 电（光）缆在线槽内敷设时应排列整齐，不应扭绞、交叉及溢出线槽。

9) 电（光）缆敷设余留量应符合下列要求：

（1）引至室内的电（光）缆余留量不小于5m；

（2）室外设备端电（光）缆余留量不小于2m，当电（光）缆敷设长度小于20m时，余留量不小于1m；

（3）电（光）缆过桥，在桥两端的余留量不小于2m；

（4）电（光）缆接续时，接续点两端的余留量不小于1m；

（5）电（光）缆在隧道内防淹门处应有余留量，其长度符合设计要求。

10) 干线电（光）缆径路的下列地点应设置径路标志：

（1）电（光）缆的转向处或分支处；

（2）大于500m的直线中间点；

（3）通过人防门等障碍物处需要标明径路的部位；

（4）电（光）缆地下接续处。

11) 电（光）缆在室外与其他管线、建筑物交叉或平行敷设时的防护，应符合设计要求和相关标准的规定。

12) 高架线路上电（光）缆的裸露部分应采取防紫外线防护措施。

13) 相同芯线数的电缆接续时，备用芯线应连通。

14) 接头装置宜按设计要求进行编号。

15) 箱、盒安装在混凝土基础上时，混凝土基础强度及埋设深度应达到设计要求。基础固定螺栓外露部分应有防锈措施，基础表面应平整光洁并无明显丢边掉角现象。

16）在桥梁、隧道或其他难以埋设混凝土基础的地方，箱、盒可采用支架安装方式。

17）金属基础支架使用前应经热镀锌、涂漆等防腐处理。

18）箱、盒内端子编号应符合下列要求：

（1）终端电缆盒端子编号应从基础开始，并应按顺时针方向依次编号。

（2）分向电缆盒端子编号，应面对车控室，并按顺时针方向依次编号；采用压接端子连接方式时，其端子编号应符合设计要求。

（3）变压器箱端子编号，靠箱边侧应为奇数，靠设备侧应为偶数，站在面向箱子引线孔侧端子应自右向左依次编号。

（4）采用新型箱、盒时，其端子编号应符合设计要求或相关产品标准的规定。

（5）所有箱、盒配线起始端子应有醒目标注，可采用红漆或标签标注。

19）箱、盒内的设备部件应排列整齐，并应固定牢固。空闲的引接孔应封堵严密。

20）箱、盒安装应端正、牢固，箱（盒）体应无损伤裂纹和锈蚀，箱（盒）盖应密封良好，螺栓应紧固、无松动。

1.2 固定信号机、发车指示器及按钮装置

1.2.1 施工要点

1. 高柱信号机安装

1）高柱信号机及其附属设施进场时应进行检查，其型号、规格、质量应符合设计要求及相关产品标准的规定。

2）高柱信号机的安装位置、安装高度、显示方向及灯光配列应符合设计规定。

3）高柱信号机应采用环形预应力混凝土机柱，机柱质量应满足下列规定：

（1）横向裂缝宽度应小于0.2mm，长度应小于周长的1/2；裂缝条数不应超过5条，且间距应在200mm以上。

（2）纵向裂缝不应超过1条，裂缝宽度应在0.2mm以内，长度应小于1000mm，混凝土面应无剥落现象。

（3）机柱的弯曲度不应大于机柱长度的1/200。

4）高柱信号机安装应符合下列要求：

（1）机柱埋设深度应符合设计规定；

（2）机柱应垂直于地面安装，在距离钢轨顶面4500mm高处，其倾斜量不应大于36mm。

5）高柱信号机光源应符合下列要求：

（1）当采用灯泡为光源时，其灯座应调整灵活，以满足显示距离的要求，并应使用有主、副灯丝的专用灯泡。

（2）当采用LED为光源时，其电气特性应符合产品技术标准和设计规定。

6）高柱信号机配线应符合下列要求：

（1）信号机配线型号及规格应符合设计和相关技术要求；

（2）配线不得有中间接头，并应无破损、老化现象；

（3）在箱盒、机构内部配线应绑扎整齐；

（4）配线在引入管进（出）口处应进行防护处理。

2. 矮型信号机安装

1）矮型信号机及其附属设施进场时应进行检查，其型号、规格、质量应符合设计要求及相关产品标准的规定。

2）矮型信号机的安装位置、安装高度、显示方向及灯光配列应符合设计规定。

3）矮型信号机金属支架与隧道体或桥梁体有接地要求时，应保证接地良好；有绝缘要求时，支架与隧道体或桥梁体间的绝缘电阻应符合设计规定。

4）矮柱信号机光源应符合高柱信号机光源的规定。

5）矮柱信号机配线应符合高柱信号机配线的规定。

3．非标信号机安装

1）非标信号机及其附属设施进场时应进行检查，其型号、规格、质量应符合设计要求及相关产品标准的规定。

2）非标信号机的安装位置、安装高度、显示方向及灯光配列应符合设计规定。

3）非标信号机与机柱云台应采用螺栓连接，并连接牢固。机柱底板与轨道板应采用胀管螺栓固定，并固定牢固。

4）引入（出）机柱体的配线线把及机柱引入（出）口处应采取防水、防导线破损的防护措施。

5）非标信号机光源应符合高柱信号机光源的规定。

6）非标信号机配线应符合高柱信号机配线的规定。

4．发车指示器安装

1）发车指示器进场时应进行检查，其型号、规格、质量应符合设计要求及相关产品标准的规定。

2）发车指示器的安装位置、安装高度及显示方式应符合设计要求。

3）发车指示器配线的规格、型号应符合相关产品标准的规定。配线引入管进（出）口处应加防护，防护管路应采用卡箍固定。

5. 按钮装置安装

1）按钮装置进场时应进行检查，其型号、规格、质量应符合设计要求及相关产品标准的规定。

2）紧急停车按钮箱的安装位置、安装高度应符合设计要求。安装在站台上的按钮箱不得妨碍旅客通行。按钮箱封印应完整。

3）车辆基地车控室应急盘的安装位置、安装高度应符合设计要求。应急盘应紧贴墙面垂直安装，并固定牢固、封印完整。盘面指示灯应显示正确、清晰，按钮操作应灵活、无卡阻。

4）按钮柱在车场的安装位置、安装高度应符合设计要求。按钮柱应垂直于地面安装。按钮操作应灵活、无卡阻，灯光显示应明亮。

5）按钮装置配线的规格、型号应符合相关产品技术标准的规定。配线引入管进（出）口处应加防护，防护管（槽）应固定牢固。

1.2.2 质量控制措施

信号机应设于列车运行方向的右侧。遇条件限制必须设于其他位置时，需经运营部门和设计部门主管批准后，方可实施。

信号机安装必须满足限界要求。

信号机机柱（或支架）与电缆终端盒、维修平台须平行于钢轨且在一条直线上。

电缆做头避免划伤芯线，内护套长度高出胶室底部40mm。

电缆盒引入电缆后，用绝缘胶灌注固定。灌胶前，堵严电缆引入口。灌注后的胶面整洁明亮，胶面高度低于电缆护套10mm。

信号机机构采用多股铜芯绝缘软线，其截面积不得小于1.5mm；软线不得有破损、老化，中间不得有接头；软线在引线管进（出）口处用棉纱防护。

配线严格按照设计图纸进行，配线完成后应检查校核，防止漏配、错配。

发车计时器、按钮装置进线口应密封处理，防止水、雾进入箱盒。

紧急停车按钮箱安装水平方正且居中，高度满足设计要求。

电缆的防护钢管横平竖直且固定牢固。

高架段站台设备支柱安装尽量靠近钢轨外侧，垂直于地面。

发车指示器安装位置为端头门外1500mm，高度为(2000±10)mm。

发车指示器支架要竖直且固定牢固。

发车指示器安装后可360°旋转，便于维修。

1.2.3 质量检查及验收

1. 高柱信号机安装应符合下列要求：

1）同一机柱上同方向安装的信号机构各灯位中心应在一条直线上（不包括引导信号机构、柱下部调车信号机构和进路表示器），固定托架应水平安装；

2）机柱顶端及电线引入管入口封堵应严密；

3）信号机梯子中心与机柱中心应一致，梯子支架应水平，梯子应平直，并应连接牢固。

2. 高柱信号机灯室结构应符合下列要求：

1）各灯室之间不得串光；

2）色玻璃及透镜应清洁、明亮，并应无影响显示的斑点和裂纹；

3）机构盖关闭应严密，并应无渗、漏水现象。

3. 高柱信号机组件安装应符合下列要求：

1）各部组件安装应齐全，并应无破损、裂纹现象；

2）各部连接件连接应正确，紧固件平衡应紧固；

3）各开口销安装应正确，劈开角度应为60°～90°。

4. 矮型信号机安装在混凝土基础上时，混凝土基础强度及基础埋深应达到设计要求。基础螺栓应竖立垂直，螺栓间距应正确，外露部分应有防锈措施，基础表面应平整光洁并无明显丢边掉角现象。

5. 矮型信号机安装在高架线路、隧道或其他难以埋设混凝土基础的地方时，可采用金属基础支架安装方式。支架安装应平稳、牢固，螺栓应紧固、无松动。金属基础支架使用前应经热镀锌、涂漆等防腐处理。

6. 矮型信号机灯室结构应符合高柱信号机灯室结构的规定。

7. 隧道内、高架线路上安装的信号机支架顶面应保持水平、安装牢固。

8. 矮型信号机组件安装应符合高柱信号机组件安装的规定。

9. 非标信号机灯室结构应符合高柱信号机灯室结构的规定。

10. 非标信号机组件安装应符合高柱信号机组件安装的规定。

11. 非标信号机金属机柱应经热镀锌、涂漆等防腐处理，并应无锈蚀和裂纹现象。

12. 发车指示器的安装应符合下列要求：

1）在站台地面上安装时，应采用金属机柱安装方式，机柱与地面应垂直安装牢固；

2）在站台顶棚下、隧道壁或高架线路桥梁体上安装时，应采用金属支架安装方式，支架应安装牢固；

3）金属机柱、支架应经热镀锌、涂漆等防腐处理，并应无锈蚀和裂纹现象。

13. 按钮装置应安装平顺、牢固，各部件组装应完整，箱（盘）体应无破损、裂纹、脱焊和锈蚀现象。

1.3 转辙设备

1.3.1 施工要点

1. 安装装置安装

1）安装装置进场时应进行检查，其型号、规格、质量应符合设计要求及相关产品标准的规定。

2）安装装置的安装位置、安装方式应符合设计要求和相关产品的技术规定。

3）安装装置采用侧式安装方式时应符合下列要求：

（1）固定长基础角钢的角形座铁应与钢轨密贴（轨腰除外）；

（2）长基础角钢与单开道岔直股基本轨或对称形道岔中心线垂直，其偏移量不得大于 20mm；

（3）固定道岔转换设备的短基础角钢应与长基础角钢垂直连接；

（4）密贴调整杆、表示杆或锁闭杆、尖端杆、第一连接杆与长基础角钢之间应平行，其前后偏差各不应大于20mm；

（5）各部绝缘及铁配件安装应正确，并应无遗漏和破损现象。

4）安装装置采用轨枕式安装方式时应符合下列要求：

（1）预留机坑容积应满足转辙机安装空间，并有防渗水措施和排水措施；

（2）基础角钢应与钢轨垂直安装，角形座铁应与钢轨密贴（轨腰除外）；

（3）杆件应动作灵活，与机坑边缘应无卡阻、碰擦现象。

5）固定尖轨接头铁的螺栓头部不得与基本轨相碰。

6）密贴调整杆动作时，其空动距离不得小于5mm。

2. 外锁闭装置安装

1）外锁闭装置进场时应进行检查，其型号、规格、质量应符合设计要求及相关产品标准的规定。

2）外锁闭装置的安装位置、安装方式应符合设计要求和相关产品的技术规定。

3）外锁闭装置的安装应符合下列要求：

（1）锁闭框、尖轨连接铁、锁钩和锁闭杆等部件的安装应正确，并连接牢固；

（2）可动部分在转换过程中应动作平稳、灵活，并无磨卡现象；

（3）外锁闭两侧（定位、反位）的锁闭墩应符合相关技术要求；

（4）锁闭框下部两侧的限位螺钉应有效插入锁闭杆两侧导向槽内，不得松脱；

4）各零部件安装应正确、齐全；螺栓应紧固、无松动；开口销应齐全，其双臂对称劈开角度应为 60°～90°。

3. 转辙机安装

1）转辙机进场时应进行检查，其型号、规格、质量应符合设计要求及相关产品标准的规定。

2）各种动力转辙机、液压站的安装位置、安装方式应符合设计要求及相关产品标准的规定。

3）转辙机动作杆与密贴调整杆应在一条直线上，并与表示杆、道岔第一连接杆平行。

4）液压转辙机的液压站应固定牢固，油管两端应连接紧密。

5）各零部件安装应正确、齐全；各部螺栓应紧固、无松动；开口销应齐全，其双臂对称劈开角度应为 60°～90°。

1.3.2 质量控制措施

转辙机未安装前应检查道岔尖轨方正、尖轨与基本轨密贴、吊板等情况，如果不符合标准，请工务部门整治，符合安装标准后才许可安装；

各种螺栓应紧固，丝扣应露出螺母外，各部螺母、铁垫片、弹簧垫圈、开口销等应齐全；

销轴安装方向正确，销子从岔尖往后穿，开口销开叉 60°～90°；

长基础角钢与角形铁的连接孔加工位置应与道岔安装左、右侧（面向岔尖）保持一致，连接孔中心应在角钢安装水平面的中心轴线上，前后左右偏差均不得超过 1mm；

道岔第一连接杆处，尖轨与基本轨间有 4mm 及以上间隙时，道岔不得锁闭。

1.3.3 质量检查及验收

1）各种连接杆的调整丝扣余量不应小于 10mm。

2）各零部件安装应正确和齐全；螺栓应紧固、无松动；开口销应齐全，其双臂对称劈开角度应为60°～90°。

3）转辙机的内部配线应符合下列要求：

（1）配线型号及规格应符合设计和相关技术要求。

（2）配线不得有中间接头，并无损伤、老化现象。

（3）机箱内部的配线应绑扎整齐。

（4）绝缘软线两端芯线采用爪形线环时应卷压平整，采用铜线绕制线环时应缠绕紧密，采用其他连接方式时应符合相关工艺标准。线环的孔径与连接端子柱应有适当的间隙。

（5）配线在引入管进（出）口处应加防护。

1.4 列车检测与车地通信设备

1.4.1 施工要点

1. 有绝缘轨道电路安装

1）有绝缘轨道电路设备进场时应进行检查，其型号、规格、质量应符合设计要求及相关产品标准的规定。

2）有绝缘轨道电路设备的安装位置、安装方法应符合设计和相关技术要求。

3）有绝缘轨道电路限流装置的调整应满足轨道电路性能要求，严禁拆除变阻器的止挡。

4）有绝缘轨道电路设备配线应符合下列要求：

（1）配线型号及规格应符合设计和相关技术要求；

（2）配线不得有破损、老化和中间接头现象。

5）钢轨绝缘安装应符合下列要求：

（1）轨道电路的两钢轨绝缘应并列安装，不能并列安装时，其错开的距离应满足设计要求；

（2）设于警冲标外方的钢轨绝缘，除渡线及其他侵限绝缘外，绝缘安装位置与警冲标计算位置的最小距离应符合设计要求；

（3）钢轨绝缘夹板螺栓应相对应安装（辙叉根部除外），轨端绝缘的顶部与轨面应平齐。

6）各类轨道连接线的安装应符合下列要求：

（1）钢轨引接线应符合下列要求：

① 无牵引电流通过的钢轨引接线截面积不应小于$15mm^2$，有牵引电流通过的钢轨引接线截面积应符合设计要求。

② 钢轨引接线穿越股道时，应采用绝缘橡胶管防护；固定引接线的卡钉、卡具不得与钢轨铁垫板、防爬器接触。

③ 钢轨引接线连接螺栓的绝缘管、垫圈等部件应安装正确、齐全；螺栓紧固、无松动。

（2）钢轨接续线应符合下列要求：

① 有牵引电流通过的钢轨，接续线连接采用胀钉方式或焊接方式，接续线为多股铜线，其截面积符合设计要求。

② 钢轨接续线应安装在钢轨外侧。在道岔辙叉根部或其他安装困难处，塞钉式钢轨接续线及胀钉式接续线可安装在钢轨内侧。

③ 塞钉式钢轨接续线应紧贴钢轨鱼尾夹板上部安装，平直、无弯曲；胀钉式钢轨接续线沿钢轨底边敷设安装；焊接式钢轨接续线应在钢轨鱼尾夹板的两侧焊接牢固，并呈弧形下垂。

（3）道岔跳线应符合下列要求：

① 无牵引电流通过的道岔跳线截面积不应小于$15mm^2$，有牵引电流通过的道岔跳线截面面积应符合设计要求；

② 道岔跳线穿越钢轨时，距轨底的距离应大于或等于30mm，并用卡具固定在轨枕上；如在整体道床处过轨，则用卡具直接固定在道床上。

7）回流线的安装应符合下列要求：

（1）伸缩轨牵引回流线应采用镀锌钢管防护；伸缩轨两端回流线的伸缩量应符合设计规定。

（2）回流线应采用焊接方式或胀钉方式与钢轨连接，连接应牢固、无松动。

2. 波导管安装

1）波导管及安装附件进场时应进行检查，其型号、规格、质量应符合设计要求及相关产品标准的规定。

2）波导管的安装位置、安装方法应符合设计和相关技术要求。

3）波导管的安装应符合下列要求：

（1）波导管安装支架（包括固定支架与滑动支架）的高度、间隔距离及与走行轨中心距离应符合设计要求，支架与走行轨应垂直安装；

（2）波导管安装调整后应与走行轨保持平行，并与轨面始终保持相对水平状态；

（3）固定支架必须安装在每个波导管分段的始端，标准波导管装配应无任何中断，两个波导管分段末端间距离应符合设计要求；

（4）滑动支架的管与架之间保持的间隙应符合设计要求。

4）波导管、轨旁无线电子盒、耦合器均应接地良好。

3. 漏泄同轴电缆敷设

1）漏泄同轴电缆到达现场应进行检查，其型号、规格、质量应符合设计要求及相关产品标准的规定。

2）漏泄同轴电缆应在现场进行单盘测试，其内外导体的直流电阻、绝缘介电强度、绝缘电阻等直流电气指标应符合产品技术要求；其特性阻抗、电压驻波比、标称耦合损耗、传输衰减等交流电气指标，应符合设计要求。

3）漏泄同轴电缆的安装位置、安装方式应符合设计和相关技术要求。

4）漏泄同轴电缆安装的要求及检验项目、检验数量、检验方法应符合现行国家标准《城市轨道交通通信工程质量验收规范》（GB 50382）的有关规定。

4．应答器安装

1）应答器进场时应进行检查，其型号、规格、质量应符合设计要求及相关产品标准的规定。

2）应答器的安装位置、安装方法应符合设计和相关技术要求。

3）应答器的安装高度，以及纵向、横向偏移量应符合设计和相关技术要求。

4）有源应答器馈电盒的安装应符合下列要求：

（1）馈电盒的连接电缆应采用橡胶管防护，并用卡具固定牢固；

（2）馈电盒内部配线应正确，并连接牢靠；

（3）馈电盒密封装置应完整，防潮性能应良好；

（4）馈电盒体应接地良好。

5．定位天线安装

1）定位天线进场时应进行检查，其型号、规格、质量应符合设计要求及相关产品标准的规定。

2）定位天线的安装位置、安装方法应符合设计和相关技术要求。

3）定位天线顶面应与钢轨顶面平行，距钢轨顶面距离应符合设计规定。

4）定位天线安装的纵向、横向偏移量应符合设计和相关技术要求。

6. 无线接入单元安装

1）无线接入单元进场时应进行检查，其型号、规格、质量应符合设计要求及相关产品标准的规定。

2）无线接入单元的安装位置、安装方法应符合设计和相关技术要求。

3）无线接入单元天线安装应符合下列要求：

（1）天线在直线区段、曲线区段的安装坐标均应符合设计要求，并应满足设备限界的规定；

（2）天线应沿支架方向纵向移动，并无障碍物阻挡；

（3）天线方向调整应正确。

4）无线接入单元电子箱安装应符合下列要求：

（1）电子箱应密封良好，底部防水接头应安装牢固；

（2）电子箱内配线应绑扎整齐，元器件安装应齐全、牢固；

（3）电子箱体应接地良好。

7. 计轴安装

1）计轴装置进场时应进行检查，其型号、规格、质量应符合设计要求及相关产品标准的规定。

2）计轴装置的安装位置、安装方法应符合设计和相关技术要求。

3）计轴磁头的安装应符合下列要求：

（1）磁头应安装在同一根钢轨上，磁头安装必须用绝缘材料与钢轨隔离；

（2）磁头在钢轨上的安装孔中心距轨底高度、孔径、孔与孔的间距应符合相关技术要求，两相邻磁头的安装间距应符合设计要求。

4）计轴电子盒的安装应符合下列要求：

（1）电子盒安装位置应根据磁头电缆的布置方式确定，宜靠近信号设备机房；

（2）电子盒内部配线应连接正确、排列整齐；

（3）电子盒密封装置应完整；

（4）电子盒体应接地良好。

5）计轴装置采用的专用电缆，其长度应符合设计要求；电缆走线应平缓走向，严禁盘圈、弯折。

1.4.2 质量控制措施

1）应答器安装前所使用方尺应对其校正后方可进行施工。

2）应答器安装于道床中央，长边与钢轨平行，短边与钢轨垂直，正面向上。

3）在选择应答器的安装位置时，应最大限度地避免信标在使用过程中被其他设备或其他危险化学品等损坏。

4）应答器高度必须满足设计要求，顶面平行于轨面。

5）应答器安装位置必须满足安装公差，以免影响数据传输。

6）在应答器安装位置与车载读写器之间要求一个"净区"，避免信标与读写器之间在数据交换过程中被阻挡、阻塞，在该"净区"内不能被任何金属物体或凸出物遮挡、阻挡。

7）钻孔位置距钢轨接头不小于1m。

8) 相邻的两个计轴点间不小于1m。

9) 钻孔位置距相邻钢轨边距离不小于1m。

10) 安装在两根枕木中间的钢轨上,且应避开轨距杆等金属器件,并注意两根枕木之间的距离应不小于400mm;如果需要安装的轨腰上有凸出字体,需磨平或者换地方打孔。

11) 磁头电缆正线使用5m,其余地点使用10m。

12) 磁头电缆不允许扭绞、盘圈、截短。

13) 磁头的发送器安装于钢轨外侧,接收器安装于钢轨内侧。

14) 计轴电缆屏蔽层采用单端接地,在室内分线盘处进行电缆屏蔽接地。

15) EAK安装方向应符合设计要求:

(1) 金属材质计轴箱盒接地电缆采用DWZR-YY0.6/1kV25mm^2阻燃型铜芯塑料软线连接至接地扁钢。

(2) 机箱支架螺栓紧固,机体水平方正。

1.4.3 质量检查及验收

1) 有绝缘轨道电路设备采用支架安装时应平稳牢固,支架应经热镀锌、涂漆等防腐处理。

2) 钢轨绝缘配件应安装正确、齐全,无破损。

3) 各类连接线的金属裸露部分,在安装完后应涂刷机械油。钢绞线应无断股、锈蚀现象。塞钉不得打弯,打入深度应为露出钢轨1~4mm,塞钉头与钢轨的接缝处应涂漆封闭。

4) 波导管在钢轨边缘安装时,道床应平滑且无建筑碎石,轨枕宽度及轨枕之间距离应满足波导管安装空间要求。波导管在隧道顶部安装时,安装面应平坦,并无其他障碍物。

5）波导管与轨旁无线电子盒（或耦合器）间连接的射频电缆长度应符合设计要求，连接应牢固、无松动。

6）波导管及各种安装配件应经热镀锌、涂漆等防腐处理；支架安装应端正、牢靠，螺栓应紧固、无松动。

7）波导管防护膜应保护完好。

8）波导管防护罩强度应符合设计要求，安装应端正、牢固。

9）应答器安装支架前后、左右、高低可调节。

10）有源应答器馈电盒应安装平稳、牢固，螺栓应紧固、无松动。

11）信号设备室至站台两侧定位天线设备间的连接电缆，其长度应基本相同。

12）定位天线安装支架前后、左右、高低可调节。

13）定位天线安装应平稳、牢固，螺栓应紧固、无松动。

14）天线支架应安装平稳、牢固，调节功能应良好，螺栓应紧固、无松动。

15）电子箱安装应与地面保持垂直。电子箱应安装端正、牢靠，螺栓应紧固、无松动。

16）计轴电缆应采用橡皮软管防护，并用金属 Ω 卡箍固定。过水沟时应用镀锌钢管防护。

17）磁头安装应平稳、牢固，螺栓应紧固、无松动。

18）电子盒安装应与地面保持垂直。安装应平稳、牢固，螺栓应紧固、无松动。

1.5 室内设备

1.5.1 施工要点

1. 机柜（架）安装

1）各类机柜（架）进场时应进行检查，其型号、规格、质量应符合设计要求及相关产品标准的规定。

2）机房内机柜（架）的平面布置、安装位置、机面朝向、柜（架）间距应符合设计要求。

3）机柜（架）安装应符合下列要求：

（1）机柜（架）固定方式应符合设计要求。机柜（架）底座与地面固定应平稳、牢固。当机房内铺设有防静电地板时，底座应与防静电地板等高。

（2）机柜（架）安装应横平竖直、端正稳固。同排各种机柜（架）应正面处于同一平面、底部处于同一直线。

（3）除有特定的绝缘隔离、散热、电磁干扰等要求外，机柜（架）应相互紧密靠拢，或用螺栓连接。

（4）机柜（架）间需绝缘隔离时，各种绝缘装置应安装齐全、无损伤。

（5）机柜（架）有抗振设计要求时，机柜（架）的抗振加固措施应符合设计要求。

2. 走线架（槽）安装

1）各类走线架（槽）进场时应进行检查，其型号、规格、质量应符合设计要求及相关产品标准的规定。

2）走线架（槽）的安装位置、安装方法应符合设计要求。

3. 电（光）缆引入及安装

1）电缆引入信号设备室在转弯时不得有硬弯或背扣，

电缆的弯曲半径不得小于电缆外径的 15 倍。

2) 电缆成端应无漏胶,表面应光洁,无裂缝、气泡。

3) 分线盘(柜)上的接线端子排列编号应与施工图纸相符,接线端子上的标志应正确清晰。

4) 光缆引入及光配线架检验项目及质量要求、检验数量、检验方法应按现行国家标准《城市轨道交通通信工程质量验收规范》(GB 50382)的有关规定执行。

4. 操作显示设备安装

1) 操作显示设备进场时应进行检查,其型号、规格、质量应符合设计要求及相关产品标准的规定。

2) 操作显示设备安装位置、整体布局应符合设计要求。

3) 计算机及附属设备安装应符合下列要求:

(1) 各种接口连接应符合设计要求,应连接正确、牢靠;

(2) 防电磁干扰的屏蔽措施应符合相关技术要求,屏蔽连接应牢固可靠,中间应无断开;

(3) 计算机配线应采用专用电缆,电缆引入处开孔位置应适宜,并有防护措施;

(4) 计算机显示屏图像、字符应清晰,键盘、鼠标应操作灵活,打印机、扫描仪等应安装正确。

4) 单元控制台安装应符合下列要求:

(1) 控制台表示盘面的布置及表示方式应符合设计要求。

(2) 各种指示灯应安装正确,并应显示清晰、亮度均匀。

(3) 各种按钮应动作灵活,接点应通/断可靠;插接件应接触紧密、牢固。

(4) 控制台内部配线应正确；接地装置应安装牢靠。

(5) 各种限流装置容量应符合设计要求；报警装置应安装正确、牢固。

5. 电源设备安装

1) 电源设备进场时应进行检查，其型号、规格、质量应符合设计要求及相关产品标准的规定。

2) 电源设备的安装位置、安装方式应符合设计要求。

3) 电源屏的安装应符合下列要求：

(1) 各屏排列顺序应符合设计规定。

(2) 信号两路电源应经专用防雷箱后再引至信号电源屏。引入电源相序与电源屏的相序、屏与屏之间的相序应一致。

(3) 电源屏各种按钮应动作灵活，开关应通/断可靠；限流装置容量应符合设计要求；各种模块应安装端正、牢固。

(4) 电源屏接地装置应安装牢靠。

(5) 各种指示灯应安装正确，指示灯显示应清晰、亮度均匀；报警装置应安装齐全、完好。

4) 不间断电源（UPS）安装应符合下列要求：

(1) 机柜应安装端正、稳固，机柜外壳应可靠接地；

(2) 电池块配置应符合设计要求，配线应连接牢固、极性正确；

(3) 电池柜接地装置应安装牢靠。

5) 电源线布设应符合下列要求：

(1) 电源线在防静电地板下布设时，应采用线槽防护。槽内电源线应布设平直、整齐，槽内底板应清洁，盖板应完好、封盖严密。

（2）电源线在地沟内布设时，应采用电缆。

（3）电源线在走线架（槽）内布设时，不应与设备配线交叉，布设应自然顺直，拐弯处应留有适当余量。

（4）电源线在墙内布设时，宜采用镀锌钢管进行防护；在墙面布线时，应采用金属管（槽）防护；管（槽）在墙面应安装平整、固定牢靠。

6. 配线

1）各种配线线缆进场时应进行检查，其型号、规格、质量应符合设计要求及相关产品标准的规定。

2）线缆布放时应有适当的余量，不同用途的载频配线布放方式应符合设计要求。配线线缆不得有中间接头和绝缘破损现象。

3）配线连接应符合下列要求：

（1）配线采用接线端子方式连接时，每个端子上的配线不宜超过3个线头。连接时，各线间应用金属垫片隔开。端子根部螺帽应紧固无松动，上部应用并帽紧固。配线头根部应用塑料套管防护，套管长度应均匀一致。

（2）配线采用焊接方式连接时，严禁使用带腐蚀性的焊剂。焊接应牢固，焊点应饱满光滑、无毛刺，配线应无脱焊、断股现象。

（3）配线采用压接方式连接时，应使用与芯线截面相适应的专用压线工具。压接时接点片与导线应压接牢固、长度适当，配线应无脱股、断股现象。

（4）配线采用插接方式连接时，应一孔一线，严禁一孔插接多根导线。插接时应采用专用工具操作，多股铜芯线插接前应压接接线帽。

（5）配线采用其他新型方式连接时，应选用专用适配工具，连接工艺应符合相关技术要求。

（6）屏蔽线的屏蔽层应与规定的屏蔽端子连接良好。

1.5.2 质量控制措施

室内配线按图施工，如有变更，应由系统供货商出具正式的文字资料，经设计、业主批准后方可实施；

检查槽道拐角处、开口处防护情况，避免线缆划伤；

线缆敷设前必须对线缆敷设顺序、走向进行合理规划，为下道工序做准备；

线缆绑扎按照样板施工，扎带松紧、间距要适度，保证工艺美观；

线缆绑扎间距均匀，避免不必要的浪费；

配线完成后对缆线进行叫号核对，确保配线正确率为100%。

1.5.3 质量检查及验收

1）机柜（架）内所有设备的紧固件应安装完整、牢固，各种零配件应无脱落。

2）机柜（架）铭牌文字和符号标志应正确、清晰、齐全。

3）机柜（架）漆面色调应一致，并无脱漆现象；机柜（架）金属底座应经热镀锌、涂漆等防腐处理。

4）走线架（槽）安装应符合下列要求：

（1）走线架（槽）与机柜（架）间需绝缘隔离时，各种绝缘管垫应安装齐全，并无损伤；

（2）走线架（槽）底部应敷设底板，引入口处宜采取保护措施，防止线缆磨损。

5）走线架（槽）安装应平直、稳固；走线架（槽）间及与机柜（架）间应用螺栓连接牢固。

6) 分线盘应与两边墙体固定,其安装高度应符合设计要求。分线柜安装应符合机柜(架)安装的规定。

7) 引至信号设备室的电缆余留量应符合电(光)缆敷设余留量的规定。电缆引入孔应用防火材料封堵严密。

8) 引入室内的每条电缆应有明确的上下行去向标识,标识内容应正确、清晰。

9) 从引入口到分线盘(柜)的电缆应有相应防护措施。引入电缆应排列整齐,并分段固定。

10) 计算机及附属设备应摆放稳固、整齐,并应方便操作。

11) 单元控制台应安装稳固,各种紧固零件、门销、加封孔应完整无损。

12) 大屏显示图像、字符应清晰,显示识别区域应符合产品相关技术要求。

13) 各种支架、导轨、夹具应安装正确、牢固;各部连接件应安装齐全,并应连接紧固、无松动。

14) 电源屏应安装端正、稳固;各连接部件应安装齐全、无损伤,并应紧固、无松动。

15) 电源屏配线应连接牢固、无松动,配线两端应标志齐全。

16) 蓄电池应排列整齐,距离应均匀一致。

17) 配线电缆终端应固定在机架上,排列应整齐、美观,引出端应有标明去向的标牌。

18) 配线电缆芯线在连接端子前应保持扭绞状态;线头剥切部分芯线应无伤痕;绕制线环时,线环应按顺时针方向旋转。

1.6 防雷及接地

1.6.1 施工要点

1. 防雷设施安装

1) 信号防雷设施进场时应进行检查,其型号、规格、质量应符合设计要求及相关产品标准的规定。

2) 防雷设施的安装位置、安装方式应符合设计要求。

3) 防雷设施的安装应符合下列要求:

(1) 防雷设施与被防护设备之间的连接线路宜取最短路径,不应迂回绕接;

(2) 防雷设施的配线与其他设备配线应分开布放;

(3) 其他设备配线不得借用防雷设施的配线端子。

2. 接地装置安装

1) 接地装置进场时应进行检查,其型号、规格、质量应符合设计要求及相关产品标准的规定。

2) 接地装置的安装位置、安装方式应符合设计要求。

3) 信号设备室内信号接地箱与综合接地箱之间接线应连接正确、可靠。

4) 分设接地体的埋深不得小于700mm,距其他设备和建筑物不得小于1500mm。

5) 直流电气牵引区段信号设备防护应符合下列要求:

(1) 信号干线屏蔽电缆引入室内时,其屏蔽层应接地;电缆中间接续应进行屏蔽连接。

(2) 信号设备的金属外缘距接触网带电部分距离应大于2000mm。

(3) 距接触网带电部分小于5000mm的信号设备,其金属外壳（或金属结构物）宜接至安全地线。

（4）信号设备的金属外缘距回流线的距离应大于1000mm；当距离不足1000mm时，应加绝缘防护，但不得小于700mm。

6）户外高柱金属非标加工高功率设备安装设计要求安装检查避雷设备，如AP天线杆安装避雷针。防雷设施应安装牢固、可靠。避雷设备必须可靠接地，接地电阻应小于5Ω。

1.6.2 质量控制措施

1）室内控制台、电源屏、各种机柜等设备的外壳柜体，应采用多股铜芯电缆分别接至公用安全综合接地装置。工作地、防雷地要求分开的机柜，必须分端地。

2）室内接到综合接地电缆按照设计规范、图纸要求，一般情况下，采用$16mm^2$接地电缆。

3）接地统一接到室内综合接地等电位接地板上，机框与等电位接地板必须采用星形点对点接地，严禁采用环形接地。

4）接地引入线保护管与穿墙法兰盘连接应绝缘，绝缘电阻应大于$100M\Omega$。

5）接地配线的线种和截面应符合设计要求；机柜地线必须可靠连接，中间无接头；多股地线应加装相应规格的铜线鼻子或卡子，焊接或压接牢固后，再与端子连接；接地电阻应符合设计规定。

6）信号室内综合接地的接地电阻值$\leqslant 1\Omega$。

1.6.3 质量检查及验收

1）防雷设施应安装牢固、可靠，并清晰标识用途及去向。

2) 接地体与引接线连接部分应焊接牢固，引接线露出地面部分应涂调和漆，地下部分应涂机械油（接地体除外）。

3) 信号接地体应符合设计要求；设计无要求时，宜采用镀锌钢材、铜板、石墨。

1.7 室外设备标识及硬面化

1.7.1 施工要点

1. 设备标识

1) 室外信号设备标识颜色应符合下列要求：

（1）信号机构及发车指示器结构部件的内、外均应涂黑色调和漆；

（2）转辙机及杆件、各类箱盒外部均应涂灰色调和漆，箱盒内部应涂浅色调和漆；

（3）设备体除摩擦面、滑动面、螺扣部分、表面镀层部分及混凝土制品外，均应先涂防锈漆，再涂规定颜色的调和漆；

（4）设备体涂漆面色差应一致，漆层厚薄应均匀、完整，并应无脱皮、反锈、鼓泡现象。

2) 室外信号设备标识名称及编号书写应符合下列要求：

（1）名称及编号的书写位置：

① 高柱信号机书写在机柱正面，高度应一致；

② 非标信号机、矮型信号机及发车指示器书写在机构门中间；

③ 转辙机书写在机盖上；

④ 各种箱、盒书写在箱盒盖上。

（2）名称及编号的字符意义应与竣工图示相符。

（3）名称及编号书写时应统一字体和尺寸，字迹应清晰、端正；书写面底色为浅色时应书写黑色字，底色为深色时应书写白色字。

3）室外信号系统轨旁设备可保留产品出厂时的原有本色；设备名称及编号应在设备体所附铭牌上清晰表示，其字符意义应与竣工图示相符。

4）室内主体机柜（架）的颜色应符合设计要求，部分单体设备可保留产品出厂时的原有本色，但同类机柜采用的色号应一致；设备名称及编号应在设备体所附铭牌上清晰表示，其字符意义应与竣工图示相符；室内走线架（槽）的颜色应与主体机柜（架）保持一致。

5）在条件允许时，宜在室外信号系统轨旁设备的安装位置处，设置永久性设备安装基标。基标标桩应固定牢固。

2. 硬面化

1）硬面化范围、硬面化用混凝土的强度及硬面化的上部厚度应符合设计要求。

2）相邻设备宜采用同一个围桩及硬面化处理。硬面化边缘距信号机柱边缘不应小于500mm，距设备基础边缘不应小于200mm；当受障碍物影响达不到最小距离时，可适当缩小距离或按设计要求处理。

1.7.2 质量控制措施

1）为了保证设备运行安全和日常维护需要，室外信号设备应有明确的标识。标识包括设备体的涂刷颜色、书写的名称与编号及设备轨旁标识牌。

2）室外信号设备上都需有标明识别设备及里程的标牌。轨旁设备标牌安装需牢固、可靠，须保证在工程的应用环境下不生锈。

3）轨旁设备标牌包含在室外信号设备〔含信号机、转辙机（每台）应答器、计轴磁头、TRE箱等]处设置标牌（标识设备名称及里程）。

4）为了对设备安装的规范化要求和维护创造良好的维修作业平台，在室外碎石道床路基条件下安装的信号设备周边应进行硬面化处理，大小适中，美观大方。硬面化的设备主要是指车辆段停车场的室外信号设备。

5）混凝土基础硬面化应符合下列要求：

（1）硬化时底部必须夯实，用混凝土进行整体浇制和抹面，一次成型，不能出现蜂窝麻面，基础侧面同样进行抹面处理，硬化面四周用白色条形瓷砖镶边，宽度为50～60mm，瓷砖外边距硬化面边缘10mm进行45°导角。基础面抹面后进行压花打格处理。

（2）道岔地面硬化砂浆厚度不小于120mm，其他设备地面硬化砂浆厚度为100mm。硬化面光洁无裂纹，几何外形为正方形或长方形，中央部位略高，以防积水，施工基础时应考虑排水管的安装。

（3）为了方便维修，基础硬面化里填砂，表面铺方砖，硬面化边缘刷白油漆，应夯实牢固，防止变形塌陷，不得有明显的丢边掉角的情况。

（4）基础螺栓应竖立垂直、距离正确，外露部分有防锈措施。

（5）电缆盒基础埋设为基础顶面距地面150～250mm。

（6）硬面化表面应平整光洁、无裂纹，并无明显丢边掉角现象。

（7）车辆段、停车场地面矮型信号机基础应埋设平稳，基础顶面距地面200～300mm；埋深不小于500mm，当达不到时，应培土夯实。

（8）矮型信号机基础埋设应平稳，与地面的倾斜量不应大于 60∶1。

1.7.3 质量检查及验收

1）硬面化前应将培土夯实后再进行硬化。

2）硬面化表面应平整光洁、无裂纹，并无明显丢边掉角现象。

3）安装在墙面上的标牌，安装位置要统一高程。

4）混凝土基础应符合下列要求：

（1）不得有影响强度的裂纹。

（2）外表应光洁平整，有面积较小且数量不多的蜂窝时，可以用水泥砂浆抹平。

（3）钢筋混凝土制品不得有漏筋、损伤。

（4）不得有明显的缺边掉角损坏现象。

（5）混凝土制品有表面粗糙、松软、掉渣现象时，应更换。

2 城市轨道交通通信工程

2.1 基本规定

2.1.1 城市轨道交通通信工程施工现场应具有健全的质量管理体系、施工技术标准、施工质量检验制度和综合施工质量水平评定考核制度。

2.1.2 城市轨道交通通信工程应为一个独立的单位工程，应划分为专用通信、民用通信引入、公安通信三个子单位工程，子单位工程又可以分为好几个分部工程，分部工程又是由好几个分项工程构成的，具体规定可参考《城市轨道交通通信工程质量验收规范》（GB 50382—2016）。

2.1.3 城市轨道交通通信工程质量验收对检验批、分项工程、分部工程、单位（子单位）工程合格质量的要求，以及质量不符合要求时的处理规定，应符合现行国家标准《建筑工程施工质量验收统一标准》（GB 50300）的规定，并应按《城市轨道交通通信工程质量验收规范》（GB 50382—2016）第 20 章及附录 B～附录 E 的要求进行记录。

2.1.4 城市轨道交通工程质量验收的程序和组织应符合现行国家标准《建筑工程施工质量验收统一标准》（GB 50300）的规定。

2.1.5 城市轨道交通通信工程施工机械、仪器仪表应检定合格并在有效期内。在系统开通前宜由具有相应资质的第三方检测单位进行系统检测。

2.2 通信管线

2.2.1 施工要点

1. 支架、吊架安装规范

1）支架、吊架安装位置及安装方式应符合设计要求，安装不得侵入设备限界。

2）支架、吊架不应安装在具有较大振动、热源、腐蚀性液滴及排污沟道的位置，也不应安装在具有高温、高压、腐蚀性及易燃易爆等介质的工艺设备、管道上。

3）敷设电缆用的支架、吊架间距应符合设计要求；当设计无要求时，水平敷设宜为0.8~1.5m；垂直敷设时宜为1.0m。

4）吊丝安装时，用红外线水准仪进行画线、描点，确定打眼位置。

2. 桥架安装规范

1）线槽、走线安装位置及安装方式应符合设计要求，原则上尽量靠近设备房侧，便于管线连接。同时禁止走在消防水管下侧。

2）线槽、走线架与机架连接处应垂直并连接牢固。

3）金属线槽、走线架应接地，线槽接缝处应有连接线或跨接线。

4）预埋线槽时，线槽的连接处、出线口和分线盒，均应进行防水处理。

5）当供电电缆和信号电缆在同一径路用线槽敷设时，

应分线槽敷设。当需敷设在同一线槽内时，应采用带金属隔板的线槽分开敷设。

3. 保护管安装规范

1) 保护管煨管应符合下列规定：

(1) 弯成角度不应小于90°。

(2) 弯曲半径不应小于管外径的6倍。

(3) 弯扁度不应大于该管外径的1/10。

(4) 弯曲处应无凹陷、裂缝。

(5) 单根保护管的直角弯不应超过两个。

2) 埋入墙或混凝土内的保护管宜采用整根材料；当需连接时，应在连接处进行防水处理。预埋保护管管口应进行防护处理。

3) 金属保护管应可靠接地，金属保护管连接后应保证整个系统的电气连通性。

4) 预埋保护管应符合下列规定：

(1) 伸入箱、盒内的长度不应小于5mm，并应固定牢固，多根管伸入时应排列整齐。

(2) 预埋的保护管引出表面时，管口宜伸出表面200mm；当从地下引入落地式盘（箱）时，宜高出盘（箱）底内面50mm。

(3) 预埋的金属保护管管外不应涂漆。

(4) 当预埋保护管埋入墙或混凝土内时，离表面的净距离不应小于15mm。

4. 通信管道安装规范

1) 通信管道应进行试通，对不能通过标准拉棒但能通过比标准拉棒直径小1mm的拉棒的孔段占试通孔段总数的比例不应大于10%。

2) 通信管道埋深达不到设计要求时，其包封和防护、管道倾斜度、管道弯度段长度，以及防水、防蚀、防强电干扰的要求，应符合设计要求。

5. 缆线布放规范

1) 在线缆布放的过程中，电源线、信号线不应断线和错线，线间绝缘、组间绝缘应符合设计要求。

2) 当多层水平线槽垂直排列时，布放应按强电、弱电的顺序从上至下排列。

3) 当采用屏蔽电缆或穿金属保护管，以及在线槽内敷设时，缆线与具有强磁场和强电场的电气设备之间的净距离应大于 0.8m。屏蔽线应单端接地。

4) 电源线、信号线布放的弯曲半径应符合下列规定：

（1）光缆弯曲半径不应小于光缆外径的 15 倍。

（2）大对数对绞电缆的弯曲半径不应小于电缆外径的 10 倍。

（3）同轴电缆、馈线的弯曲半径不应小于电缆外径的 15 倍。

5) 线槽敷设截面利用率不宜大于 50%，保护管敷设截面利用率不宜大于 40%。

6) 在垂直的线槽或爬架上敷设时，电源线、信号线应在线槽内和爬架上进行绑扎固定，其固定间距不宜大于 1m。

2.2.2 质量控制措施

1) 工程采用的设备、材料应进行进场验收，不合格的不得用于工程。

2) 工序之间应进行交接检验，上道工序应符合下道工序的施工条件和技术要求；相关专业之间接口的交接检验应经监理单位检查认可，未经检查或检查不合格的，不得进行下道工序施工。

2.2.3 质量检查与验收

1. 工程施工质量验收规定

1）施工应符合工程勘察、设计文件的要求。

2）参加工程施工质量验收的各方人员应具备规定的资格。

3）工程质量验收均应在施工单位自检合格的基础上进行。

4）隐蔽工程在隐蔽前应由施工单位通知监理单位进行验收，并应形成验收文件，验收合格后方可继续施工。

5）涉及结构安全的试块、试件、材料等，应按规定进行见证取样检测或复验。

6）检验批的质量应按主控项目和一般项目验收。

7）对涉及安全和使用功能的重要分部工程应进行抽样检测。

8）承担见证取样检测及有关结构安全检测的单位应具有相应资质。

9）单位工程的观感质量应由验收人员通过现场检查，并应共同确认。

2. 通信管线验收内容

1）通信管线的施工场所应包括控制中心、车辆基地、车站、变电所、区间及引入通道。验收内容应包括支架安装、吊架安装、桥架安装、保护管安装、通信管道安装和线缆布放。

2）通信管线验收，应检查施工前的径路复核资料；应按设计文件及复核资料对预埋、安装、敷设的位置进行确认。

3. 质量检查和成品保护

1）施工完成后进行质量检查，形成检查表。

2）保证安装整齐、稳固、美观，工完料清。

3）电缆线槽在穿过楼板或墙壁处，应用防火板、防火包、防火泥等防火材料做好密封隔离。

4）线槽安装完成后应在楼梯口、公共区、出入口、机房门口、三通、拐弯等特殊地方标识。

2.3 通信线路

2.3.1 施工要点

1. 光、电缆敷设施工规范

1）敷设径路及光、电缆的端别应符合设计要求。

2）光、电缆在支架上的敷设位置应符合设计要求，并应固定牢靠。

3）直埋光、电缆的埋深应符合设计要求。

4）区间光、电缆的敷设，不得侵入设备限界。

2. 光缆接续施工规范

1）芯线按光纤色谱排列顺序对应接续；光纤接续部位应采用热缩加强管保护，加强管收缩应均匀、无气泡。

2）光缆的金属外护套和加强芯应紧固在接头盒内，同一侧的金属外护套与金属加强芯在电气上应连通，两侧的金属外护套、金属加强芯应绝缘。

3）光缆接头盒盒体安装应牢固、密封良好。

4）光纤收容时的余长单端引入、引出长度不应小于0.8m，两端引入、引出长度不应小于1.2m。

5）光纤收容时的弯曲半径不应小于40mm。

6) 光缆接头处的弯曲半径不应小于护套外径的20倍。

7) 光缆接续后宜余留2~3m长度。

3. 光缆引入施工规范

1) 光缆引入时,其室内、室外金属护层及金属加强芯应断开,并应彼此绝缘、分别接地。

2) 光缆引入应在光配线架上或光终端盒中终端,并标识清晰。

3) 引入室内的光缆应进行固定并安装牢固。

4. 电缆接续施工规范

1) 电缆接续时芯线线位应正确、连接可靠。

2) 直通电缆两侧的金属护层及屏蔽钢带应有效连通。

3) 电缆成端的弯曲半径不应小于电缆外径的15倍。

5. 电缆引入施工规范

1) 电缆引入室内时,其室内、室外两侧的屏蔽钢带及金属护层应电气绝缘;外线侧的屏蔽钢带及金属护层应可靠接地;设备侧的屏蔽钢带及金属护层应悬浮。

2) 电缆引入室内应终端在配线架或分线盒上,并应标识清楚。

3) 电缆引入防护应符合设计要求。

6. 漏缆敷设施工规范

1) 漏缆应固定牢靠,安装件的固定间隔应符合设计要求。

2) 隧道内漏缆架挂位置、漏缆的开口方向应符合设计要求。

3) 漏缆不应急剧弯曲,弯曲半径应符合该型号、规格漏缆产品的工程应用指标要求。

4) 漏缆敷设不得侵入设备限界。

2.3.2 质量控制措施

1)工程采用的设备、材料应进行进场验收,不合格的不得用于工程。

2)对设计要求的光缆、电缆、漏缆的低烟、无卤、阻燃等特性,以及防雨淋和抗阳光辐射特性,应由具有相应资质的检测单位出具测试报告。

3)光缆、电缆、漏缆敷设应按设计和配盘要求的盘长敷设,不得任意切断光缆、电缆和漏缆增加接头。

2.3.3 质量检查与验收

1. 通信线路验收规定

1)通信线路的施工场所应包括控制中心车辆基地、车站变电所、区间及引入通道。验收内容应包括区间电缆支架安装、光缆敷设、电缆敷设、光缆接续及引入、接续及引入、光缆线路检测、电缆线路检测、漏泄同轴电缆(以下简称漏缆)敷设、漏缆连接及引入、漏缆线路检测。

2)光、电缆和漏缆的线路验收前,应对径路复测情况进行确认,并复核隐蔽工程记录。

2. 光、电缆敷设检查与验收内容

1)光、电缆应无压扁、护套损伤和表面严重划伤等缺陷。

2)光、电缆线路的防浊和防电磁设施的设置地点、数量、方式和防护措施应符合设计要求。

3)光、电缆外护层(套)不得有破损变形或扭伤,接头处应密封良好。

4)光电缆与其他管线、设施的间际距高应符合设计要求。

3. 光缆接续及引入检查与验收内容

1)光缆接头的固定方式、位置应符合设计要求。

2) 光配线架或光终端盒的安装位置及面板排列应符合设计要求。

3) 光配线架的安装应符合下列规定：

（1）光配线架的型号、规格和安装位置应符合设计要求，架体安装应牢固可靠，紧固件应齐全并安装牢固。

（2）光配线架上的标志应齐全、清晰、耐久可靠；光缆终端区光缆进、出应有标识。

（3）光纤收容盘内，光纤的盘留弯曲半径应大于 40mm。

（4）裸光纤与尾纤的接头应加热熔保护管保护，并应按顺序排列固定。

（5）尾纤应按单元进行盘留，盘留弯曲半径应大于 50mm。

4. 电缆接续及引入检查与验收内容

1) 电缆接头的固定方式、位置应符合设计要求。

2) 分歧电缆接入干线的端别应与干线端别相对应。

3) 接线盒、分线盒和交接箱的配线应卡接牢固、排列整齐、序号正确，标识应清楚。

4) 当室内电缆分线盒、交接箱安装在墙上时，其位置及高度应符合设计要求。

5) 当电缆引入分线盒时，从引入口到分线盒的电缆宜采用管槽保护。

5. 漏缆敷设检查与验收内容

1) 漏缆单盘检测应符合下列规定：

（1）内外导体直流电阻、绝缘介电强度、绝缘电阻等直流电气特性应符合设计要求。

（2）特性阻抗电压驻波比、标称耦合损耗、传输衰减等交流电气特性应符合设计和订货合同要求。

检验方法：直流电气特性测试检验、交流电气特性测试检验或检查出厂检验报告。

2) 漏缆吊挂支柱安装应符合下列规定：

（1）位置、高度及埋深应符合设计要求。

（2）防雷接地应符合设计要求。

（3）基础的浇筑方式和强度应符合设计要求。

（4）漏缆吊挂支柱不得侵入设备限界。

3) 漏缆夹具的安装应符合下列规定：

（1）漏缆夹具的安装位置、间隔强度及距钢轨面的高度应符合设计要求。

（2）当漏缆夹具固定在支架上时，支架的安装位置、安装强度及距钢轨面的高度应符合设计要求。

（3）漏缆防火夹具的设置应符合设计要求。

4) 漏缆固定接头应保持原漏缆结构及开槽间距不变；接头应连接可靠，装配后接头外部应按设计要求进行防护。

5) 单根馈线中间不得有接头；馈线在室外与功分器、漏缆连接应可靠，接头处应进行防水处理，并应固定可靠。

6) 隧道外区段漏缆吊挂后最大下垂幅度应在 0.15～0.20m。

7) 合路器与分路器的安装位置应符合设计要求；分路器空余端应接入相匹配的终端负载。

6. 光、电缆线路特性检测内容

1) 测试光缆线路在各区间（中继段）内，每根光纤的背向量射曲线应平滑、无阶跃反射峰，测得的接续损耗平均值应符合下列指标要求：

（1）1310nm、1550nm 波长时单模光纤 $\alpha \leqslant 0.08$dB。

(2) 多模光纤 $\alpha \leqslant 0.2$ dB。

2) 测试光缆线路区间或中继段的光纤线路衰减 α_1，其测试值应小于计算值。α_1 应按下式计算：

$$\alpha_1 = \alpha_0 L + \alpha n + \alpha_c m$$

式中　α_1 ——光纤线路衰减（dB）；

　　　α_0 ——光纤衰减标称值（dB/km）；

　　　α ——光缆中继段每根光纤双向接头平均损耗（dB），单模光纤 $\alpha \leqslant 0.08$ dB（1310nm、1550nm）；

　　　α_c ——光纤活动连接器平均损耗（dB），单模光纤 $\alpha_c \leqslant 0.7$ dB；

　　　L ——光缆中继段长度（km）；

　　　n ——光缆中继段内每根光纤接头数；

　　　m ——光缆中继段内每根光纤活动连接器数。

3) 测试市话电缆直流电特性，其换算后的结果应符合表 2-1。

表 2-1　市话电缆直流电特性标准

序号	项目	单位	标准	换算
1	0.8mm 线径单线环阻（20℃）	Ω/km	≤74	实测值/L
	0.6mm 线径单线环阻（20℃）	Ω/km	≤132	
	0.5mm 线径单线环阻（20℃）	Ω/km	≤190	
	0.4mm 线径单线环阻（20℃）	Ω/km	≤296	

续表

序号	项目	单位	标准	换算
2	绝缘电阻	MΩ·km	≥3000（填充式电缆） ≥10000（非填充式电缆）	实测值 ×$(L+L')$
3	断线、混线		不断线、不混线	

注：表中 L 为音频段电缆长度，L' 为电缆线路各种附属设备的等效电阻折算的电缆长度，单位均为 km。

7. 漏缆线路检测内容

1）测试漏缆线路下列指标应符合设计要求：

（1）内、外导体直流电阻，绝缘电阻，绝缘介电强度。

（2）工作频段内电压驻波比和传输衰减。

2）馈线与漏缆连接后的指标应符合下列规定：

（1）馈线、漏缆连接后驻波比在工作频段内应小于 1.5。

（2）按馈线、漏缆长度及合路器、分路器等部件计算的总衰减应符合设计要求。

2.4 设备安装和配线

2.4.1 施工要点

1. 设备安装规范

1）机柜（架）安装位置及安装方式应符合设计要求。

2）机柜（架）底座应对地加固。

3）子架或机盘安装位置应符合设备技术文件或设计要求。

4）子架或机盘应整齐一致，接触应良好。

5）机柜（架）应垂直，倾斜度偏差应小于机柜（架）高度的1‰；相邻机柜（架）间隙不应大于3mm；相邻机柜（架）正立面应平齐。

2. 设备配线规范

1）配线电缆、光跳线的纤芯应无错线或短线、混线，中间不能有接头，配线两端的标志应齐全。

2）光缆尾纤应按标定的纤序连接设备。光跳线应单独布放，并应采取垫衬固定，不能挤压和扭曲。

3）当设备配线采用焊接时，焊接后芯线绝缘层应无烫伤、开裂及后缩现象，绝缘层离开端子边缘露铜不宜大于1mm。

4）当设备配线采用卡接时，电缆芯线的卡接端子应接触牢固。

5）配线电缆和电源线应分开布放，间距不应小于50mm。交流配线和直流配线应分开绑扎。

2.4.2　质量控制措施

1）设备安装和设备配线时，采用的设备、材料应进行进场验收，不合格的不得用于工程。

2）设备安装时，使用的电器具不能损伤设备。

3）设备配线时，缆线和光跳线不能挤压、扭曲和背扣。

4）施工完成后进行质量检查，把零乱的线绑扎并固定。

2.4.3　质量检查与验收

1. 设备安装和配线验收规定

1）设备安装和配线的施工场所应包括控制中心、车辆基地、车站、变电所及区间等安装通信设备或终端的地方。设备安装和配线的验收内容包括安装在设备机房内的通信设备的设备安装、设备配线。

2）验收前应根据设计文件核对预埋管线、预留孔洞、基础的条件是否符合设备安装和配线要求。

2. 设备安装检查与验收内容

1）壁挂式设备安装位置和方式应符合设计要求，并应安装牢固可靠。

2）金属机柜（架）、基础型钢应保持电气连接，并应可靠接地。

3）设备应排列整齐、漆饰完好，铭牌和标记应清楚准确。

3. 设备配线检查与验收内容

1）配线电缆、光跳线的芯线应无错线或断线、混线，中间不得有接头。

2）柜（架）应可靠接地，配线电缆的屏蔽护套应可靠接地。

3）各种电缆在机防静电地板下、走线架或槽道内、机柜（架）内均匀绑扎固定、松紧适度，其中软光纤应加套管或线槽保护。

4）缆线两端的标签，其型号、序号、长度及起止设备名称等标识信息应准确。

5）当缆线接入设备或配线架时，应留有余长。

2.5 电源系统及接地

2.5.1 施工要点

1. 电源设备安装施工注意事项

1）在加工蓄电池架（柜）时，其形式、规格尺寸和平面布置、抗振加固方式要符合设计图纸。

2）蓄电池连接应可靠，接点和连接条应进行防腐处理。

3）交直流电源柜各单元应插接良好，电气触点应接触可靠、连接紧密；输入电源的火线和零线不能接错，其零线不能虚接或断开。

4）直流电源工作地应采用单点接地方式，并应就近从地线盘上引入。

5）电源设备机柜安装的垂直偏差应小于1.5‰。

2. 电源设备配线施工注意事项

1）电源线颜色的配置或标识应牢固并应符合下列规定：

（1）对交流电源线，A相应为黄色，B相应为绿色，C相应为红色，零线应为天蓝色或黑色，保护地线应为黄绿双色。

（2）对直流电源线，正极应为红色，负极应为蓝色。

2）引入引出交流不间断电源装置的电源线和控制线应分开敷设，在电缆支架上平行敷设时间距不应小于150mm。

3）电源设备配线用电源线应采用整段线料，配线中间不能有接头。

4）连接柜（箱）面板上的电气及控制板等可动部位的电源线应采用多股铜芯软电源线，敷设长度应有适当预留。

3. 接地安装施工注意事项

1）接地装置的接地电阻应符合下列规定：

（1）独立设置接地装置的接地电阻值应符合设计要求。

（2）室外综合接地体接地电阻不应大于1Ω。

2）接地装置采用焊接时，焊接处应进行防腐处理。

3）地线盘（箱）、接地铜排安装应符合下列规定：

（1）接地铜排和螺栓应结合紧密、导电性能良好。

（2）接地铜排端子分配应符合设计要求。

（3）地线盘（箱）端子应连接紧密。

2.5.2 质量控制措施

1）在电源设备安装和配线时，采用的设备、材料应进行进场验收，不合格的不得用于工程。

2）制作蓄电池架（柜）时，使用的电器具不能损伤设备。

3）在电源设备配线时，缆线不能挤压、扭曲和背扣。

4）施工完成后进行质量检查，应把零乱的线绑扎并固定。

2.5.3 质量检查与验收

1. 电源系统及接地验收规定

1）电源系统及接地验收应包括电源设备安装、电源设备配线、接地装置安装、电源系统性能检测、电源系统功能检验和电源集中监控系统检验。

2）电源集中系统验收前，应确认电源监控中心与监控点的网络通道正常。

2. 电源设备安装检查与验收内容

1）电源设备的安装位置、机柜（架）的加固方式应符合设计要求。

2）配电设备的进出线配电开关及保护装置的数量、规格应符合设计要求。

3）电源设备的防雷等级、防雷器件的安装位置及数量应符合设计要求。

4）电源系统接地保护或接零保护应可靠，且应有标识。

5）电源架（柜）各种零件不得脱落或碰坏，各种标志应准确、清晰、安全，机柜漆面应完好、漆色一致。

3. 电源设备配线检查与验收内容

1）电源设备的输出电源线应成束绑扎，不同电压等级，交流线、直流线及控制线应分别绑扎并有标识。通信设备接地线与交流配电设备的接地线宜分开敷设。

2）电源设配线的布放应平直整齐，不能有急剧转弯和起伏不平，应无扭绞和交叉。所有电源设备线绑扎牢固后不应妨碍手动开关或抽出式部件的拉出或推入。

4. 接地安装检查与验收内容

1）接地装置及材料应进行进场验收，其数量、型号、规格和质量应符合设计要求。

2）接地装置的安装位置、安装方式及引入方式应符合设计要求。

5. 电源系统性能检测

1）电源设备的绝缘性能应符合下列规定：

（1）电源设备的带电部分与金属外壳间的绝缘电阻不应小于 $5M\Omega$。

（2）电源配线的芯线间和芯线对地绝缘电阻不应小于 $1M\Omega$。

2）交流输入电压相线与相线、每相相线与零线之间的电压应符合设计要求。

3）高频开关的配置容量、蓄电池的后备时间性能指标应符合设计要求。

4）-48V 高频开关电源的性能指标应符合下列规定：

（1）直流输出电压应在-57～-40V。

（2）直流输出的杂音电平应符合表 2-2 的规定。

表 2-2 直流输出的杂音电平

标准电压(V)	电源杂音电压 (mV)						
	衡重杂音	峰-峰值杂音		宽频杂音（有效值）		离散杂音（有效值）	
		频段(kHz)	指标	频段(kHz)	指标	频段(kHz)	指标
−48 (−57〜−40V)	≤2	0〜20000	≤200	3.4〜150	≤50	3.4〜150	≤5
						150〜200	≤3
				150〜30000	≤20	200〜500	≤2
						500〜30000	≤1

5）不间断电源（UPS）下列性能指标应符合设计要求：

（1）输入交流电压额定值、频率额定值。

（2）输出电压额定值、频率额定值、电压精度、瞬态电压恢复时间、频率精度。

（3）UPS 电池后备时间。

6）蓄电池组的性能指标应符合下列规定：

（1）常温时蓄电池浮充充电电压应为（2.20〜2.27V）/单体。

（2）蓄电池均衡充电单体电压应为 2.30〜2.40V。

（3）单体蓄电池和由若干个单体组成一体的组合蓄电池，其各电池间的开路电压最高与最低差值不应大于 20mV（2V）、50mV（6V）、100mV（12V）。

（4）蓄电池进入浮充状态 24h 后，各蓄电池组由不多于 24 只 2V 蓄电池组成时各蓄电池之间的端电压差不应大于 90mV；蓄电池组由多于 24 只 2V 蓄电池组成时各蓄电池之间的端电压差不应大于 200mV；6V 蓄电池组成时不应大于 240mV；12V 蓄电池组成时不应大于 480mV。

（5）蓄电池容量按 I_{10}（A）（10h 率放电电流）或 I_3

(A)(3h率放电电流)进行测试，2V单体放电终止电压不应小于1.80V。

(6) 蓄电池最大充电电流不大于$0.25I_{10}$(A)时，最大补充充电电压不大于2.40V/单体时，各项指标应正常。

7) 交流配电柜（箱）自动切换装置的延时性能应符合设计要求。

6. 电源系统功能检验

1) 不间断电源UPS的功能应符合下列规定：

(1) 当输入电压过高、过低，输出电压过高、过低，过流、欠流，UPS设备过载短路，蓄电池欠压或熔断器熔断时，UPS的自动保护动作应准确，声光告警应正常。

(2) 旁路功能应正常。

(3) 手动与自动转换功能、自动稳压及稳流功能应符合设计要求。

(4) 交流监控模块或本地监控单元应能对交流电源设备进行监控和维护，对UPS的参数设置、故障告警及电池管理功能正常。

(5) 本地及远端监控接口性能应正常。

(6) 备用冗余UPS与并联冗余UPS功能应符合设计要求。

2) 高频开关电源设备的下列功能应符合要求：

(1) 当交流输入过压、欠压、缺相，直流输出过压、欠压、过流、欠流，蓄电池欠压，充电过流，负载过流，输出开路、短路或熔断器熔断时，高频开关电源的自动保护动作应准确，声光告警应正常。

(2) 浮充、均充方式能自动转换，输出能自动稳压、稳流。

（3）本地及远端监控接口性能应正常。

（4）整流模块热备份功能应符合设计要求。

检验方法：试验检验或检查出厂检验报告。

3）交流配电柜（箱）的机械、电气双重联锁、手动切换功能应符合设计要求。

4）通信电源系统进行人工或自动转换时，对通信设备供电不能中断。

7．电源集中监控检验

1）对电源的集中监测应符合下列规定：

（1）交流输入/输出电压、输入/输出电流、输出频率的测量相对误差不应大于2%。

（2）直流输出电压测量相对误差不应大于0.5%。

（3）直流电流测量相对误差不应大于2%。

2）对蓄电池的集中监测应符合下列规定：

（1）2V单体电池端电压误差范围不应大于5mV。

（2）6V单体电池端电压误差范围不应大于10mV。

（3）12V单体电池端电压误差范围不应大于20mV。

（4）总电压相对误差范围不应大于0.5%。

（5）电池温度误差范围应为±1℃。

（6）进行模拟实际负载充放电检验，电池容量应与实际相符。

3）电源集中监控的遥测、遥信、遥控操作反应时间应符合设计要求。

4）电源集中监控系统的任何故障不得影响被监控对象的正常工作；监控系统的局部故障不得影响监控系统其他部分的正常工作。

5）电源集中监控系统的加入不应改变被监控设备原有

的控制功能，并应以被监控设备自身控制功能为优先。

6）电源集中监控系统对自身软、硬件故障、通信中断的故障诊断及告警功能应正常。

7）电源集中监控系统的状态配置、物理设备配置、软件配置、数据同步配置、数据统计配置等配置管理功能应符合设计要求。

8）电源集中监控系统的故障告警等级、告警记录状态、告警分类表管理、事件上报控制管理、故障信息处理、故障信息显示、故障反应时间等故障管理功能应符合设计要求。

9）电源集中监控系统的数据采集、数据存储、数据统计分析、性能门限管理等性能管理功能应符合设计要求。

10）电源集中监控系统的接入安全管理、系统自身安全管理、用户管理、系统日志管理等安全管理功能应符合设计要求。

11）电源集中监控系统的操作界面、数据备份与恢复、系统校时、系统智能性、系统组态功能、档案管理功能等系统支持功能应符合设计要求。

2.6 传输系统

2.6.1 施工要点

传输系统的施工场所应包括控制中心、车辆基地、车站等。传输设备的安装施工规范和配线施工规范应符合本书2.4.1节中的要求。

2.6.2 质量控制措施

传输系统中传输设备安装和配线的质量控制措施应采用本书2.4.2节的质量控制措施。

2.6.3 质量检查与验收

1. 传输系统验收规定

1）传输系统验收应包括传输设备安装和配线、传输系统性能检测、传输系统功能检验、传输系统网管检验。

2）传输系统验收应在通信线路验收合格、数字同步和网管数据配置符合设计规定的情况下进行。

2. 传输系统性能检测

1）传输系统光通道的接收光功率不应超过系统的过载光功率，并应符合下式要求：

$$P_1 \gg P_R + M_c + M_e$$

式中 P_1——接收端在 R 点实测系统接收光功率（dB·m）；

P_R——在 R 点测得的接收器的接收灵敏度（dB·m）；

M_c——光缆富余度（dB）；

M_e——设备富余度（dB）。

2）传输设备光接口的性能指标应符合下列规定：

（1）平均发送光功率、接收机灵敏度、接收机最小过载功率应符合设计要求。

（2）光输入口允许频偏不应大于 $\pm 20 \times 10^{-6}$。

（3）光接口反射系数、回波损耗应符合现行国家标准《同步数字体系（SDH）光缆线路系统进网要求》（GB/T 15941）的规定。

3）传输系统二四线接口音频指标应符合下列规定：

（1）用参考测试频率 1020Hz 的正弦波信号，以 －10dBm0 的电平加到发送侧的输入端，测试通路接收电平允许偏差应为 ±0.6dB（四线-四线）、±0.8dB（二线-二线）。

（2）净损耗频率特性应符合表 2-3。

表 2-3 净衰耗频率特性

测试频率（Hz）		200	300	400	500	600	820	1020	2400	2800	3000	3400	3600
偏差限值（dB）	二线(A-A)	—	+2	+1.5	+1.5	+0.7	+0.7	0	+0.7	+1.1	+1.1	+3.0	—
		−0.6	−0.6	−0.6	−0.6	−0.6	−0.6	−0.6	−0.6	−0.6	−0.6	−0.6	−0.6
	四线(A-A)	—	+0.5	+0.5	+0.5	+0.5	+0.5	0	+0.7	+0.9	+0.9	+1.8	—
		−0.5	−0.5	−0.5	−0.5	−0.5	−0.5	0	−0.5	−0.5	−0.5	−0.5	−0.5

（3）用正弦测试增益随输入电平变化特性应符合表 2-4。

表 2-4 增益随输入电平变化特性

输入电平（dBm0）	−55	−50	−40	−30	−20	−10	0	+3
偏差限值（dB） 二线或四线(A-A)	±3.0	±1.0	±0.5	±0.5	±0.5	0	±0.5	±0.5

（4）空闲信道噪声（衡重噪声）不应大于 −65dBm0p。

（5）用噪声测试的总失真应符合表 2-5。

表 2-5 噪声测试的总失真

输入电平（dBm0）		−55	−40	−34	−27	−20	−10	−6	−3
信号与总失真比值的最小值（dB）	二线(A-A)	11.1	26.1	30.7	32.4	32.4	32.4	32.4	24.8
	四线(A-A)	12.6	27.6	32.2	33.9	33.9	33.9	33.9	26.3

（6）路际近端、远端串音电平平均应小于 −65dB。

检验方法：用 PCM 通路分析仪测试检验。

4）在设计要求的保护倒换方式下，传输系统保护倒换时间应小于 50ms。

5）基于 SDH 的多业务传送平台（MSTP）的吞吐量、

丢包率、时延性能指标应符合设计要求。

3. 传输系统功能检测

1）传输系统的下列可靠性功能应符合设计要求：

（1）主控、交叉时钟、电源等核心板件热备功能。

（2）支路板热备功能。

（3）设备接口卡热插拔功能。

2）传输系统的保护倒换准则和功能要符合设计要求：

检验方法：通过系统设备和网管进行试验检验。

3）传输系统的同步和定时功能应符合下列规定：

（1）同步和定时方式应符合设计要求。

（2）同步和定时源切换功能应正常。

检验方法：通过系统设备和网管进行试验检验。

4）同步数字系列（SDH）传输系统下列功能应符合设计要求：

（1）开销和维护功能应包括：

再生段开销：A1、A2、OOF、LOF、B1；

复用段开销：B2、K1、K2、M1；

高阶通道开销：B3、G1；

低阶通道开销：V5（b1～b8）。

（2）告警功能应包括电源故障、机盘失效、机盘空缺（Cardmissing）、参考时钟失效、信号丢失（LOS）、帧失步（OOF）、帧丢失（LOF）、收 AIS、远端接收失效（FERF）、信号劣化（BER$>1\times10^{-6}$）、信号大误码（BER$>1\times10^{-3}$）、远端接收误码（FEBE）、指针丢失（LOP）、电接口复帧丢失（LOM）、激光器自动关闭（ALS）。

5）基于 SDH 的多业务传送平台（MSTP）的以太网透传功能、二层交换功能、以太环网功能应符合设计要求。

4.传输系统网管检验

1）传输系统网管的系统接入方式、安全可靠性、软件管理、数据管理、软件技术、用户界面、系统性能、北向接口等通用功能应符合设计要求。

2）传输系统网管的告警类型、告警严重级别、告警状态、业务告警、告警报告收集与显示、告警严重等级分配、告警屏蔽、告警相关性抑制和故障定位、告警查询与统计、告警确认、告警清除、告警显示过滤、告警同步等故障管理功能应符合设计要求。

3）传输系统网管的SDH性能参数、以太网业务性能参数、低速数据等其他业务性能参数、性能参数收集方式、设定性能监测参数、查询/修改性能监测参数、性能数据上报管理、性能门限管理、性能数据查询、性能数据存储等性能管理功能应符合设计要求。

4）传输系统网管的拓扑管理、数据配置管理网元配置管理等配置管理功能应符合设计要求。

5）传输系统网管的用户等级划分、用户管理、操作日志管理、查询操作日志、备份操作日志、删除操作日志等安全管理功能应符合设计要求。

2.7 公务电话系统

2.7.1 施工要点

1）公务电话系统的施工场所应包括控制中心、车辆基地、车站、区间、主变电站等。

2）公务电话设备安装施工规范和配线施工规范应符合本书2.4.1节中的1、2小节。

2.7.2　质量控制措施

公务电话系统中公务电话设备安装和配线的质量控制措施应采用本书2.4.2节的质量控制措施。

2.7.3　质量检查与验收

1. 公务电话系统验收规定

1) 公务电话系统验收包括公务电话设备安装、公务电话设备配线、公务电话系统性能检测、公务电话系统功能检验、公务电话系统网管检验。

2) 公务电话系统验收应在通信线路、传输系统、电源系统验收合格，且公务电话系统网管数据配置符合设计规定的情况下进行。

2. 公务电话系统性能检测

1) 公务电话系统的本局呼叫连续故障不应大于 4×10^{-4}。

检验方法：用模拟呼叫器测试检验。接不少于32对用户至模拟呼叫器，平均每小时每对用户产生不少于200次呼叫，测试呼叫次数不应小于40000次。

2) 忙时呼叫尝试次数（BHCA）应符合设计要求。

3) 公务电话系统传输损耗应符合下列规定：

（1）公务电话交换机至所辖范围内的用户线传输损耗不应大于7dB。

（2）远距离用户的全程传输损耗应符合设计要求。

检验方法：用振荡器、电平表测试检验。

3. 公务电话系统功能检验

1) 公务电话系统的话音业务功能应符合下列规定：

（1）系统建立功能应正常。

（2）本局呼叫、出/入局呼叫、汇接中继呼叫（可选）、释放控制等基本业务功能应正常。

（3）缩位拨号、热线服务、限制呼出、转移呼叫、遇忙呼叫转移、呼叫等待、三方通话、遇忙回叫、空号服务、追查恶意呼叫、主叫号码显示/限制、用户会议电话等新业务功能应正常。

（4）VPN功能应符合设计要求。

2）公务电话系统的下列非话业务功能应符合设计要求：

（1）在用户电路上接入用户传真机的传真功能。

（2）在用户电路上接入调制解调器功能。

（3）接入语音和数据终端的综合业务功能。

（4）非话业务不被其他业务中断功能。

3）公务电话系统的"119""110""120"等特种业务功能应符合设计要求。

4）公务电话系统话务台功能、测量台功能应符合设计要求。

5）公务电话系统时钟同步方式、系统及其附属设备的时间同步功能应符合设计要求。

6）公务电话系统的话务统计功能、计费功能、录音功能应符合设计要求。

7）公务电话系统主要部件冗余备份功能应符合设计要求。

8）公务电话系统的长时间通话功能应符合设计要求。

4．公务电话系统网管检验

1）公务电话系统的人机命令功能应符合设计要求。

2）公务电话系统的故障管理功能应符合下列规定：

（1）硬件及软件故障的诊断、告警显示及统计分析、故障信息输出等功能应符合设计要求。

（2）对各类用户电路和服务电路板应能定位至每一个电路。

（3）对公共控制电路，要求70%应能定位至1块板，90%应能定位至3块板。

（4）发生一般性硬件和软件故障时系统的自纠能力和自动恢复能力应符合设计要求。

3）公务电话系统的下列维护管理功能应符合设计要求：

（1）对用户线和用户电路的例行测试和指定测试。

（2）对中继线和中继电路的例行测试和指定测试。

（3）对公用设备的例行测试和指定测试。

（4）对信号链路的例行测试和指定测试。

（5）对交换网络的例行测试和指定测试。

4）公务电话系统的下列数据管理功能应符合设计要求：

（1）电路数量、路由计划、发号位数等局数据管理。

（2）用户号码、设备号码、类别和性能等用户数据管理。

（3）计费数据管理。

（4）更改数据时正常进行的通话不受影响，且不应影响系统的正常运行。

5）公务电话系统网管的性能管理功能应符合设计要求。

2.8 专用电话系统

2.8.1 施工要点

1）专用电话系统的施工场所应包括控制中心、车辆基地、车站、区间、主变电站等。

2）专用电话设备安装施工规范和配线施工规范应符合

本书 2.4.1 节中的 1、2 小节。

2.8.2 质量控制措施

专用电话系统中专用电话设备安装和配线的质量控制措施应采用本书 2.4.2 节的质量控制措施。

2.8.3 质量检查与验收

1. 专用电话系统验收规定

1）专用电话系统验收应包括专用电话设备安装、专用电话设备配线、专用电话系统性能检测、专用电话系统功能检验、专用电话系统网管检验。

2）专用电话系统验收应在通信线路、传输系统、电源系统验收合格，专用电话系统网管数据配置在符合设计规定的情况下进行。

2. 专用电话设备安装和配线

1）区间电话安装设置、安装方式、接地等应符合设计要求，安装应牢固。

2）区间电话及相关设施安装不得侵入设备限界。

3）区间电话进孔应进行防水处理。

4）区间电话箱盖应扣合可靠。

3. 专用电话系统性能检测

1）专用电话系统模拟接口传输损耗应符合下列规定：

（1）调度台至值班台间传输损耗不应大于 7dB。

（2）模拟调度电话的端对端最大衰减应符合设计要求，且不宜大于 30dB。

检查方法：用振荡器、电平表测试检验。

2）专用电话系统设备本局呼叫接续故障率不应大于 1×10^{-4}。

3）忙时呼叫尝试次数（BHCA）应符合设计要求。

4．专用电话系统功能检验

1）调度电话系统功能应符合下列规定：

（1）能够通过调度台进行选呼、组呼、全呼、强拆、强插、会议等方式呼叫车站、车辆段值班台和调度分机，且在任何情况下不应发生阻塞现象。

（2）呼叫优先级、呼叫等待、呼叫限制和呼叫显示等功能应符合设计要求。

（3）调度台间以及调度台与调度分机间的通话应清晰正常。

（4）调度分机能对调度台进行一般呼叫和紧急呼叫。

（5）对调度分机的一般呼叫和紧急呼叫的控制方式、振铃和显示方式应符合设计要求。

（6）录音功能和时间同步功能应符合设计要求。

2）站内集中电话功能应符合下列规定：

（1）应能通过值班台进行选呼、组呼、全呼、强插和强拆等。

（2）分机呼入或呼出时的锁闭性能应可靠。

（3）回铃音及通话应清晰正常。

（4）分机的热线或延时热线功能应符合设计要求。

3）站间行车电话功能应符合下列规定：

（1）值班员按下热键应能迅速且无阻塞地建立两车站值班员之间通话。

（2）在车站值班台上应有相应的热键及相对应的独立显示灯区分上下行车站。

（3）回铃音及通话应清晰正常。

4）紧急电话功能应符合下列规定：

（1）用户摘机或拨特殊按钮应能迅速连接至车控室值

班台。

(2) 车站值班台上的紧急呼叫显示应符合设计要求。

(3) 回铃音及通话应清晰正常。

5) 区间电话功能符合下列要求：

(1) 区间分机可呼叫专用电话或公务电话分机。

(2) 在规定时间内不拨号自动与值班台接通的延时热线功能应正常。

(3) 车站值班台上区间电话呼叫显示应符合设计要求。

(4) 回铃音及通话应清晰正常。

6) 会议电话功能应符合下列规定：

(1) 会议电话最大通话数应符合设计要求。

(2) 会议发起后，受话应清晰、无失真和振鸣。

(3) 主席台可随意增、减分机用户，且不应影响会议电话的进行。

(4) 会议电话不应影响其他调度电话的通信。

7) 录音设备的下列功能应符合设计要求：

(1) 通道记录功能。

(2) 语音记录功能。

(3) 回放、监听、显示、检索和转存功能。

(4) 安全管理、启动方式和断电保护功能。

(5) 时间同步功能。

8) 专用电话系统的下列可靠性功能应符合设计要求：

(1) 数字环保护功能。

(2) 调度台、值班台应急分机功能。

(3) 电源板、主控板、数字板等主要设备部件冗余倒换功能。

(4) 双中心保护功能。

（5）站间备用通道倒换功能。

5. 专用电话系统网管检验

1）专用电话系统网管下列配置管理功能应符合设计要求：

（1）局数据、用户数据等数据的输入和修改。

（2）数据输入和修改不影响系统的正常运行。

2）专用电话系统网管下列性能管理功能应符合设计要求：

（1）设备运行状态、程序数据版本。

（2）性能数据的采集、诊断、分析。

（3）自动/人工控制主、备用设备的启用、转换和停用。

3）专用电话系统网管下列故障管理功能应符合设计要求：

（1）硬件和软件故障自动监测和诊断。

（2）硬件故障定位和隔离。

（3）软件故障的自动纠错能力和自动恢复，包括再启动和再装入等。

（4）故障记录和显示告警。

4）专用电话系统网管下列安全管理功能应符合设计要求：

（1）用户鉴权、操作权限的管理。

（2）日志管理功能，包括登录日志管理和操作日志管理。

2.9 无线通信系统

2.9.1 施工要点

1. 无线通信系统的施工场所应包括控制中心、车辆基地、车站、区间等。

2. 天线杆（塔）安装施工规范

1）天线杆（塔）塔靴安装施工要点

（1）塔靴安装位置应正确，各塔靴的中心间距允许偏差不应大于3mm。

（2）各塔靴的高度允许偏差不应大于3mm。

（3）塔靴的紧固螺栓应具有防腐措施。

2）铁塔安装施工要点

（1）铁塔塔靴与基础预埋螺栓连接应牢固，紧固度应符合设计要求。铁塔全部连接螺栓应进行放松处理。

（2）自立式铁塔塔身各横截面应呈相似多边形，同一横截面上对角线或边的长度偏差不应大于5mm。

（3）所有焊接部位应牢固，无虚焊、漏焊等缺陷。

（4）铁塔塔身与基础连接螺栓应采取防盗措施。

3）屋顶天线杆安装施工要点

（1）天线杆强度和安装方式应符合承重抗风要求以及设计要求。

（2）天线杆底座应与建筑物避雷网用避雷引下线连通。

（3）天线杆如不在建筑物防雷系统保护范围内，应安装避雷针，并应确保天线在避雷针保护域范围内。

（4）屋顶天线底座及其与屋顶面连接的膨胀螺栓应采用混凝土盖保护。

3. 天线、馈线安装施工规范

1）天线安装施工要点

（1）天线的安装高度、安装方式应符合设计要求。

（2）天线馈电点应朝下，护套顶端应与支架主杆顶部齐平或略高出支架主杆顶部。

2) 馈线安装施工要点

(1) 馈线导入室内方式应符合设计要求。

(2) 馈线引入机房前,在墙洞入口处应制作滴水弯;馈线引入室内应采取防火封堵措施。

(3) 馈线布放应路由合理、路径最短,拐弯最少。

(4) 馈线固定方式应符合设计要求,弯曲半径应符合所有馈线的产品要求。

(5) 馈线中间不应有接头。

3) 天馈系统的电压驻波比不应大于 1.5。

4. 无线通信设备安装和配线施工规范

1) 基站及直放站配线施工要点

(1) 配线应走向合理并绑扎牢固,与设备连接应可靠。

(2) 布线应符合本书 2.2.1 节中的第 5 小节线缆布放规范。

(3) 出线部分应采取适当的防护措施。

2) 无线通信车载设备的安装、布线,以及防震、防电磁干扰等要求应符合设计和车辆专业的要求。车载设备安装不能超出车辆限界。

2.9.2 质量控制措施

1) 无线通信系统中无线通信设备安装和配线的质量控制措施应采用本书 2.4.2 节的质量控制措施。

2) 天线杆(塔)、天线、馈线安装时采用的设备、材料应进行进场验收,不合格的不得用于工程,而且设备安装时,使用的电器具不能损伤设备。

2.9.3 质量检查与验收

1. 无线通信系统验收规定

1) 无线通信系统验收应包括天线杆(塔)安装、天馈安装无线通信设备安装、无线通信设备配线、无线通信系统性能检测、无线通信系统功能检验、无线通信系统网管检验。

2）无线通信系统验收，应检查施工前的复测资料；应按设计文件及复测资料确认天线杆（塔）、直放站、机房的位置，确认漏缆架挂位置及长度。

3）无线通信系统验收前，应检查确认下列条件：

（1）通信线路传输系统和电源系统验收合格。

（2）无线通信系统网管数据配置符合设计规定。

（3）系统场强覆盖检测前应确认外部电磁环境满足系统验收要求。

（4）单呼、组呼通话质量模报测试前应对场强覆盖进行检测。

2. 天线杆（塔）检查与验收内容

1）天线杆（塔）基础深度、标高及塔靴安装应符合设计要求。

2）天线杆（塔）的混凝土等级、所用原材料的规格应符合设计要求。

3）天线加挂支柱高度及方位、平台位置及尺寸、爬梯的设计方式应符合设计要求，安装应牢固可靠。

4）天线杆（塔）的防雷应符合下列规定：

（1）天线（杆）塔避雷针、防雷装置、接地引下线的安装位置及方式应符合设计要求。

（2）铁塔塔底的接地电阻应符合设计要求，塔体金属构件间应保证电气连通。

5）铁塔构件的热镀锌层应均匀光滑，无漏镀，不能出现返锈现象。

6) 天线杆埋深应符合表 2-6 中的要求。

表 2-6 天线杆埋深

杆高（m）	埋深（m）		
	松土	普通土	硬土及土夹石
7.0～7.5	1.6	1.4	1.1
8.0～8.5	1.7	1.5	1.1
9.0～10.0	1.8	1.6	1.3
10.0～12.0	2.0	1.8	1.5

3. 天线、馈线检查与验收内容

1) 天线、馈线防雷应符合下列规定：

（1）馈线进入机房与设备连接前应安装馈线避雷器，接地端子应就近引接到接地线上。

（2）馈线在室外部分的外防护层应有不少于 3 点的外防护层接地连接，外防护层的接地位置应在天线与馈线连接处、馈线引入机房应在馈线洞外处。

2) 天线与跳线的接头处应制作滴水弯，并应进行防水密封处理。

3) 天线、馈线避雷地线接地体与连接线等焊接处应进行防腐处理。

4. 无线通信设备安装和配线检查与验收内容

1) 基站和直放站的避雷器安装应串接于天线、馈线和室内同轴馈线之间。

2) 高架及地面区间直放站的地线设置及接地电阻应符合设计要求。

3) 直放站的安装方式及防护等级应符合设计要求。

5. 无线通信系统性能检测

1) 基站设备射频输出功率、发射频偏、调制矢量误差、接收灵敏度指标应符合设计要求。

2) 直放站设备射频输出功率、输入输出光功率、光接收动态范围、增益指标应符合设计要求。

3) 手持台和车载台的射频输出功率、发射频偏指标应符合设计要求。

4) 无线通信系统空间波覆盖的时间地点概率不应小于90%，漏泄同轴电缆辐射电波的时间地点概率不应小于95%。

5) 单呼和组呼的接通率、掉话率、语音质量、平均呼叫建立时延、切换失败率等通话质量模拟测试指标应符合设计要求。

6. 无线通信系统功能检验

1) 无线交换控制设备移动用户的数量管理、调度台数量管理、基站数量管理和冗余备份功能应符合设计要求。

2) 基站设备的冗余备份功能应符合设计要求。

3) 直放站设备冗余备份、断电恢复功能应符合设计要求。

4) 车载台设备语音呼叫、数据传输和二次开发功能应符合设计要求。

5) 调度台设备的显示功能、语音呼叫、数据传输、转接强拆强插功能和冗余备份功能应符合设计要求。

6) 系统的用户终端业务、承载业务、呼叫种类、区域选择、优化呼叫预占优先呼叫、滞后进入、动态重组、自动重发、限时通话、超出服务区指示、呼叫显示、主叫被叫显示限制、呼叫提示、讲话方识别显示无条件呼叫转移、遇忙呼叫转移、用户不可及时呼叫转移、无应答呼叫转移、缩位寻址、至忙用户的呼叫完成、至无应答用户的呼叫完成、呼叫限制移动台遥毙/复活业务信道全忙时信令信道可作为业务信道使用、故障弱化、虚拟专网、鉴权、空中接口加密、端到端加密直通工作方式、二次开发功能和录音功能等应符合设计要求。

7. 无线通信系统网管检验

1）无线通信系统网管的故障管理、性能管理、配置管理、用户管理和安全管理功能应符合设计要求。

2）直放站网管的故障管理、性能管理、配置管理和安全管理功能应符合设计要求。

3）二次开发网管功能应符合设计要求。

2.10 视频监视系统

2.10.1 施工要点

1）视频监视系统的施工场所应包括控制中心、车辆基地、车站、区间、主变站等。

2）视频监视设备的安装规范和配线规范应符合本书2.4.1节中的1、2小节。

2.10.2 质量控制措施

视频监视系统中视频监视设备安装和配线的质量控制措施应采用本书2.4.2节的质量控制措施。

2.10.3 质量检查与验收

1. 视频监视系统验收规定

1）视频监视系统验收包括视频监视设备安装、视频监视设备配线、视频监视系统性能检测、视频监视系统功能检验、视频监视系统网管检验。

2）视频监视系统验收应在通信线路、传输系统、电源系统验收合格，视频监视系统网管数据配置、承载网络传输质量、网络带宽符合设计要求的情况下进行。

2. 视频监视设备安装和配线检查与验收内容

1）摄像机安装位置、监视目标应符合设计要求。

2）摄像机支架应稳固，摄像机及前端设备安装应牢固，云镜转动应正常。

3）室外摄像机支柱（杆）的安装应符合下列要求：

（1）高度、埋深。

（2）防雷接地。

（3）基础的浇筑方式和强度。

4）室外摄像机的安装应符合下列规定：

（1）安装方式应符合设计要求，安装应牢固可靠。

（2）云台水平、垂直转动角度符合设计要求。

（3）防雷接地符合设计要求。

（4）在接触网等高压带电设备附近架设摄像机时，安全防护距离符合设计要求。

（5）防护罩安装牢固，防护性能符合设计要求。

5）室外机箱的安装高度、防护功能、防雷接地应符合设计要求，并应安装牢固。

6）视频监视区间设备安装不得侵入设备限界。

7）摄像机配线应符合下列规定：

（1）配线应走向合理并绑扎牢固，与设备连接可靠。

（2）布线应符合本书2.2.1节中的5小节线缆布放规范。

（3）从摄像机引出的电缆宜留余量，不得影响摄像机的转动。

（4）摄像机的电缆和电源线应固定，不应用插头承受电缆的自重。

（5）摄像机出线部分应采取防护措施。

8）视频监视系统车载设备的安装和布线，以及防振和防电磁干扰等要求应符合设计和车辆专业要求。车载设备安装不得超出车辆限界。

3. 视频监视系统性能检测

1）摄像机的清晰度、最低照度、信噪比、灰度等级指标应符合设计要求。

2）显示设备的分辨率、灰度等级指标应符合设计要求。

3）在摄像机标准照度下，模拟电视系统的图像质量应符合下列规定：

（1）采用五级损伤主观评定，图像质量评价不应低于4分。

（2）图像水平清晰度不应低于400线。

（3）图像画面的灰度不应低于8级。

（4）系统的各路视频信号输出电平应为 $1 V_{p-p} \pm 3DbVBS$。

（5）当监视画面为可用图像时，系统信噪比不应小于25dB。

（6）对应4分图像质量的信噪比应符合表2-7的规定。

表2-7 分图像质量的信噪比

指标项目	彩色电视系统
随机信噪比（dB）	36
单频干扰（dB）	37
电源干扰	37
脉冲干扰	31

4)在摄像机标准照度下,系统的数字电视图像质量应符合下列规定:

(1)采用五级损伤制主观评定,图像质量评价不应低于4分。

(2)峰值信噪比(PSNR)不应小于32dB。

(3)图像水平清晰度不应低于400线。

(4)图像画面的灰度不应低于8级。

(5)经智能处理的图像质量应符合设计要求。

5)当采用IP网络承载业务时,视频监视系统的时延、抖动、丢包率等网络性能指标应符合设计要求。

6)中心级与车站级的视频实时调用时延、PTZ控制时延、历史图像检索响应时延、图像间切换时延等操作时延应符合设计要求。

4. 视频监视系统功能检验

1)中心与车站级视频控制系统的以下功能应符合设计要求:

(1)云台操作(PTZ)控制功能。

(2)自动光圈调节、调焦、变倍等图像参数调整功能。

(3)图像间自由切换与多画面功能。

(4)字符叠加功能。

(5)时间同步功能。

(6)镜头预置位及恢复功能。

(7)图像轮巡功能。

(8)报警功能。

(9)控制中心画面选择的优先级功能。

2)视频监视系统的录像功能应符合下列规定:

(1)实时图像连续存储功能,或根据设定的事件、时间、地点有条件存储功能应正常。

（2）按不同的安全等级采用不同图像分辨率存储功能应正常。

（3）存储图像内容应完整。

（4）存储容量或时间应符合设计要求。

（5）对不同视频流可以分别设置存储空间，并能支持循环存储。

3）视频监视系统的录像回放功能应符合下列规定：

（1）支持用户根据时间、地点、事件等多种条件进行检索和回放功能应正常。

（2）支持多用户同时调用和检索历史图像功能应正常。

（3）支持本地回放历史图像和远程直接回放历史图像功能应正常。

（4）回放时正常播放、倒放、快进快退、拖拽、暂停等操作应正常。

4）视频监视系统控制中心大屏的图像分割、图像拼接功能应符合设计要求。

5）视频监视系统与其他系统间联动功能应符合设计要求。

6）视频监视系统智能分析功能应符合设计要求。

7）当视频监视系统采用 IP 网络承载业务时，其抗攻击和防病毒能力应符合设计要求。

5. 视频监视系统网管检验

1）视频监视系统的用户管理、配置管理、性能管理、故障管理、安全管理、日志管理等网管功能应符合设计要求。

2）视频监视系统各车站网管设备和控制中心网管设备

的数据通信功能应符合设计要求。

3）视频监视系统网管的人机交互功能应符合设计要求。

2.11 广播系统

2.11.1 施工要点

1）广播系统的施工场所应包括控制中心、车辆基地、车站、主变电所等。

2）广播系统设备的安装规范和配线规范应符合本书2.4.1节中的1、2小节。

2.11.2 质量控制措施

广播系统中广播系统设备安装和配线的质量控制措施应采用本书2.4.2节的质量控制措施。

2.11.3 质量检查与验收

1. 广播系统验收应包括广播设备安装、广播设备配线、广播系统性能检测、广播系统功能检验、广播系统网管检验。

2. 广播系统验收应在通信线路、传输系统、电源系统验收合格,广播系统网管数据配置符合设计规定的情况下进行。

3. 广播设备安装和配线检查与验收内容

1）控制中心和车站广播的负载区数量应符合设计要求。

2）外场扬声器安装位置、安装方式应符合设计要求。

3）当扩音馈线为地下电缆时,所用电缆盒和线间变压器盒的端子绝缘电阻,应符合产品技术条件规定。

4）当露天扬声器馈线引入室内时,应装设真空保安器。

5）广播系统区间设备安装不能侵入设备限界。

6）扬声器配线应符合下列规定：

（1）配线走向合理，并应绑扎牢固、与设备连接可靠。

（2）布线应符合本书 2.2.1 节中的 5 小节线缆布放规范。

（3）扬声器出线部分应采取适当的防护措施。

4．广播系统性能检测

1）播音控制盒的输入输出电平、频率响应、谐波失真、信噪比指标应符合设计要求。

2）功率放大器的额定输出电压、输出功率、频率响应、谐波失真、信噪比、输出电压调整率、输入过激励抑制能力、输入灵敏度指标应符合设计要求。

3）语音合成器的频率响应、谐波失真、信噪比、输出电平、回放时间、播放通道等指标应符合设计要求。

4）扬声器和音柱的额定功率、输入电压、频率响应、灵敏度指标应符合设计要求。

5）广播系统的最大声压级指标应符合设计要求。

6）广播系统的声场不均匀度指标应符合设计要求。

5．广播系统功能检验

1）车站播音控制盒的播音功能、监听功能、故障显示功能应符合设计要求。

2）车站广播设备的优先级功能、分区分路广播功能、多路平行广播功能、自动手动紧急三种不同播音方式、车站接收列车运行信息并自动播音功能、噪声探测及控制功能、功放自动检测倒换功能、状态查询功能、负载功放主要技术指标测量功能应符合设计要求。

3）控制中心广播设备的全选、单选、组选车站和各广播区的功能、优先级功能、多路平行广播功能、监听功能应符合设计要求。

4)广播系统的广播切换、编程广播、预录及语音合成广播、噪声检测、消防广播、列车广播、时间同步、集中维护管理、录音功能应符合设计要求。

6.广播系统网管检验

1)广播系统网管对各车站的预录音进行集中管理、维护、发布功能,对系统的优先级设置功能,以及音源音量、负载音量、频率均衡等参数设置等配置管理功能应符合设计要求。

2)广播系统网管对各车站的播音控制盒、功能模块、功放等设备运行状态的监测功能,对各车站的负载区开路或短路、功放的功率和频率响应等性能数据的采集、诊断、分析等性能管理功能应符合设计要求。

3)广播系统网管的故障监测和诊断、故障恢复、故障记录和显示告警等故障管理功能应符合设计要求。

4)广播系统网管的用户操作记录、操作历史记录、调度广播操作记录及录音等日志管理功能应符合设计要求。

2.12 乘客信息系统

2.12.1 施工要点

1)乘客信息系统的施工场所应包括控制中心、停车场、车辆段、车站、区间及列车等。

2)乘客信息系统设备安装施工规范和配线施工规范应符合本书2.4.1节中的1、2小节。

2.12.2 质量控制措施

乘客信息系统中乘客信息系统设备安装和配线的质量控

制措施应采用本书2.4.2节的质量控制措施。

2.12.3 质量检查与验收

1. 乘客信息系统验收规定

1）乘客信息系统验收应包括乘客信息系统设备安装、乘客信息系统设备配线、乘客信息系统性能检测、乘客信息系统功能检验、乘客信息系统网管检验。

2）乘客信息系统验收应在通信线路、传输系统、电源系统验收合格，乘客信息系统网管数据配置符合设计规定的情况下进行。

2. 乘客信息系统设备安装和配线检查与验收内容

1）乘客信息系统终端设备的安装位置与安装方式应符合设计要求。

2）显示终端的支架安装应牢固、稳定。

3）显示终端安装在地面、高架站台时，其防水、防尘要求应符合设计要求。

4）显示终端配线应符合下列规定：

（1）配线走向合理，并应绑扎牢固，与设备连接可靠。

（2）布线应符合本书2.2.1节中的5小节线缆布放规范。

（3）显示器出线部分应采取机械防护措施。

5）乘客信息系统区间车地无线设备的安装位置和安装方式应符合设计要求，安装应牢固。乘客信息系统区间设备安装不得侵入设备限界。

6）乘客信息系统车地无线设备的布线及天馈线敷设，应符合下列规定：

（1）布线应符合本书2.2.1节中的5小节线缆布放规范。

（2）区间设备箱内的各种配线及终结、天馈线的敷设和连接，应符合安装及布线要求。

（3）区间车地无线设备及天馈线的接地应符合设计要求。

7）乘客信息系统车载设备的安装、布线，以及防振、防电磁干扰等要求应符合设计和车辆专业的要求。乘客信息系统车载设备安装不得超出车辆限界。

3. 乘客信息系统性能检测

1）乘客信息系统显示设备的显示分辨率、屏幕亮度、可视角度、响应时间和功耗应符合设计要求。

2）多媒体查询机的屏幕显示分辨率、屏幕触控分辨率、定位精度应符合设计要求。

3）乘客信息系统网络子系统主干网的吞吐量、丢包率和时延应符合设计要求。

4）乘客信息系统网络子系统车地网的无线信号覆盖强度、漫游切换时延、吞吐量、丢包率和时延应符合设计要求。

5）乘客信息系统网络子系统车载网的吞吐量、丢包率、时延和环网切换响应时间应符合设计要求。

6）乘客信息系统地面、车载图像质量均应符合设计要求。

4. 乘客信息系统功能检验

1）信息显示设备支持的下列功能应符合设计要求：

（1）文本信息的显示内容，文本信息的显示方式。

（2）图形信息的显示内容，支持的图形信息格式。

（3）多媒体视屏信息显示内容，以及视频节目的格式。

（4）字幕叠加功能。

(5)分区、分路显示功能。

2）车站子系统的下列功能应符合设计要求：

(1)收发及播放控制功能：接收中心下发的控制命令、各类信息内容、系统参数，并存储功能；本站显示终端播放控制。

(2)车站紧急消息发布功能。

(3)收发内容日志记录功能。

(4)查询机信息查询功能。

(5)时间显示及同步功能。

(6)接口功能。

(7)车站设备监控、管理故障显示、告警功能。

3）控制中心的下列功能应符合设计要求：

(1)播控功能：媒体素材信息的编辑、审核、发布；预定义运营信息库的统一编辑、审核和下发功能；对车站信息显示屏的报表和版式的统一编辑、预览、审核、发布；查询机显示界面和查询内容统一编辑和发布。

(2)全选单选、组选车站和各显示区的显示功能。

(3)显示优先级设置功能。

(4)应急预案编制、播放控制功能。

(5)时间显示及同步功能。

(6)接口功能。

4）乘客信息系统采用IP网络承载业务时，其抗攻击和防病毒力应符合设计要求。

5.乘客信息系统网管检验

1）乘客信息系统网管的用户管理、优先级设定、播放内容监视等功能应符合设计要求。

2）乘客信息系统网管的设备监控及运营状态监视、系统设备认证、设备编码、IP地址分配、车站显示屏远程开关机、设备故障信息的统计和分析故障修复日志等设备管理功能应符合设计要求。

3）乘客信息系统网管的日志及报表管理、参数管理、素材管理、磁盘空间管理等功能应符合设计要求。

2.13 时钟系统

2.13.1 施工要点

1）时钟系统的施工场所应包括控制中心、车辆基地、车站、主变电站等。

2）时钟系统设备安装施工规范和配线施工规范应符合本书2.4.1节中的1、2小节。

2.13.2 质量控制措施

时钟系统中时钟系统设备安装和配线的质量控制措施应采用本书2.4.2节的质量控制措施。

2.13.3 质量检查与验收

1. 时钟系统质量验收规定

1）时钟系统验收应包括时钟设备安装、时钟设备配线、时钟系统性能检测、时钟系统功能检验、时钟系统网管检验。

2）时钟系统验收应在通信线路、传输系统、电源系统验收合格，时钟系统网管数据配置符合设计规定的情况下进行。

2. 时钟系统设备安装和配线检查与验收内容

1）卫星接收天线安装位置、安装方式应符合设计要求，系统应能稳定接收导航卫星的信号。

2) 天线支撑架以及由室外引入室内的馈线应加装防雷器，应安装在进楼处；防雷器接地应可靠。

3) 子钟安装应符合下列规定：

（1）安装的安装位置和安装方式应符合设计要求。

（2）支架及子钟安装应平稳牢固。

（3）子钟安装应远离防火自动喷淋系统的喷头。

4) 子钟设备安装不得侵入设备限界，不得影响人身与行车安全。

5) 卫星接收天线的馈线安装应符合下列规定：

（1）馈线弯曲半径应符合所用电缆的技术要求。

（2）馈线应通过密封窗导入室内。

（3）馈线接头应经良好防水处理。

6) 子钟配线应符合下列规定：

（1）配线走向应合理，并应绑扎牢固，与设备连接应可靠。

（2）布线应符合本书 2.2.1 节中 5 小节线缆布放规范。

（3）子钟设备出线部分应采取防护措施。

7) 当时钟系统采用不同的时间同步信号时，各类接口之间布线的长度应小于系统传输距离的要求。

3. 时钟系统性能检测

1) 卫星接收设备的接收载波频率、接收灵敏度、可同时跟踪卫星颗数、冷热启动捕获时间、定时准确度应符合设计要求。

2) 时间显示设备显示发光强度应符合设计要求，显示应清晰；自走时累计误差应符合设计和技术标准的规定。

3) 时钟系统的绝对跟踪准确度、相对守时准确度、NTP 方式下的时钟设备的同步周期、NTP 接口处理能力应符合设计要求。

4. 时钟系统功能检验

1) 当卫星接收设备处于跟踪状态时,应能对本地设备时间进行校准。

2) 时间显示设备功能应符合下列规定:

(1) 当上级母钟发生故障时,下级母钟或时间显示设备应能独立运行。

(2) 母钟及子钟能自动校时。

(3) 显示内容格式应符合设计要求。

(4) 应具有故障告警功能,并能将故障告警信号送至接入的母钟及网管系统。

(5) 显示设备的防护等级应符合设计要求。

3) 时钟系统的告警功能、通过人工或自动进行多时间源输入处理功能、自动选择可用时间源功能、时延补偿功能和NTP方式下的授时功能应正常。

4) 卫星接收设备、母钟、子钟和电源等冗余热备份功能应符合设计要求。

5. 时钟系统网管检验

1) 时钟系统网管的告警监测、告警自动上报、告警清除、告警查询等告警管理功能应符合设计要求。

2) 时钟系统网管的性能管理功能应符合下列规定:

(1) 应能监测时间同步设备的性能参数。

(2) 应能以曲线或表格形式显示结果,并能显示母钟及标准时间信号接收单元的运行状态,循环检测下级母钟运行状态,以及本级母钟所控的显示设备的运行状态。

3) 时间与同步系统网管的配置管理功能应符合下列规定:

(1) 应能对系统和设备运行参数进行配置和修改。

(2) 应能对时间同步设备进行增加/删除网元、修改网元的属性配置数据、设置输入信号的各种门限、定时查看通信链路状况、时延补偿参数和设备校时参数、系统的时间同步管理等操作。

4) 时间与同步系统网管的数据统计分析功能应符合设计要求。

5) 时间与同步系统网管的安全管理功能应符合设计要求。

2.14 办公自动化系统

2.14.1 施工要点

1) 办公自动化系统的施工场所应包括控制中心、车辆基地、车站,以及与轨道交通运营相关的设置数据网络用户终端设备的办公场所等。

2) 数据网络设备安装施工规范和配线施工规范应符合本书 2.4.1 节中的 1、2 小节。

2.14.2 质量控制措施

办公自动化系统中数据网络设备安装和配线的质量控制措施应采用本书 2.4.2 节的质量控制措施。

2.14.3 质量检查与验收

1. 办公自动化系统质量验收规定

1) 办公自动化系统验收应包括数据网络设备安装、数据网络设备配线、综合布线、数据网络性能检测、数据网络功能检验、数据网管检验。

2) 办公自动化网络综合布线的验收要求,应符合现行国家标准《综合布线系统工程验收规范》(GB/T 50312)的规定。

3) 办公自动化系统验收应在通信线路、传输系统、电源系统验收合格,数据网网管数据配置符合设计规定的情况下进行。

2. 数据网络性能检测

1) 以太网交换机的吞吐量、丢包率、吞吐量下的包转发时延指标应符合设计要求。

2) 路由器的吞吐量、丢包率、吞吐量下的包转发时延指标应符合设计要求。

3) 防火墙的时延、吞吐量、丢包率和并发连接数应符合设计要求。

4) 数据网业务端到端的吞吐量、时延、丢包率指标应符合设计要求。

3. 数据网络功能检测

1) 以太网交换机的流量控制功能、MAC地址学习功能、MAC地址学习时间老化功能、组播功能、地址过滤功能、VLAN功能和ACL访问控制列表功能应符合设计要求,交换机所支持的VLAN数量不应小于交换机端口数量。

2) 以太网交换机的电源、系统处理器热备份功能应符合设计要求;设备接口卡应具有热插拔功能;当现场软件版本更新时,设备应能正常工作。

3) 路由器的QoS策略、ACL访问控制列表功能应符合设计要求;以最小的发送间隔发送数据流量时,背对背的缓存能力应能保证数据转发无丢包。

4) 路由器的电源、系统处理器热备份功能,应符合设计要求;设备接口卡应具有热插拔功能;当现场软件版本更新时,设备应能正常工作。

5) 防火墙的冗余配置、负载均衡功能、包过滤功能、信息内容过滤、防范扫描窥探功能、支持 VPN、基于代理技术的安全认证、网络地址转化(NAT)、流量检测抗攻击和系统管理功能应符合设计要求。

6) 数据网的路由策略设置、VLAN 功能、MPLS-VPN、路由收敛功能及收敛时间、QoS 策略、安全功能和可靠性应符合设计要求。

4. 数据网网管检验

数据网网管的配置管理、拓扑管理、故障管理、性能管理、路由管理、QoS 管理、信息发布、报表统计、VPN 管理、流量采集分析功能、安全管理功能应符合设计要求。

2.15 通信集中告警系统

2.15.1 施工要点

1) 通信集中告警系统的施工场所应包括控制中心、车辆基地、车站等。

2) 通信集中告警设备安装施工规范和配线施工规范应符合本书 2.4.1 节中的 1、2 小节。

2.15.2 质量控制措施

通信集中告警系统设备安装和配线的质量控制措施应采用本书 2.4.2 节的质量控制措施。

2.15.3 质量检查与验收

1. 通信集中告警系统验收规定

1) 通信集中告警系统验收应包括集中告警设备安装、集中告警设备配线、集中告警系统性能检测、集中告警系统功能检验、集中告警系统网管检验。

2) 通信集中告警系统验收应在通信各子系统验收合格，告警网络通道传输正常、网管数据配置符合设计规定的情况下进行。

2. 通信集中告警系统性能检测

1) 通信集中告警系统下列响应性能应符合设计要求：

（1）告警响应时间。

（2）操作响应时间。

（3）简单操作及普通数据查询操作界面响应时间。

（4）大数据量报表数据查询操作界面响应时间。

2) 通信集中告警系统对采集后数据的处理准确性应符合设计要求。

3) 通信集中告警系统存储能力和存储时间应符合设计要求。

4) 通信集中告警系统的数据检索响应时延应符合设计要求。

3. 通信集中告警系统功能检验

1) 通信集中告警系统采集内容和范围应符合设计要求。

2) 通信集中告警系统的显示、告警、存储、检索功能应符合设计要求。

3) 通信集中告警系统应与时钟系统时间同步，并对采集到的告警信息统一加注时间。

4) 通信集中告警系统的系统设备冗余。系统设备掉电重启恢复、系统网络通道冗余、软件系统备份恢复等可靠性功能应符合设计要求。

4. 通信集中告警网管检验

通信集中系统网管的拓扑管理、告警管理、数据管理和安全管理功能应符合设计要求。

2.16 民用通信引入

2.16.1 施工要点

1）民用通信引入的施工场所应包括控制中心、车辆基地、车站、区间等。

2）民用通信引入的通信管线、通信线路安装应符合本书 2.2 节和 2.3 节的相关要求。

2.16.2 质量控制措施

1）工程采用的设备、材料应进行进场验收，不合格的不得用于工程。

2）工序之间应进行交接检验，上道工序应符合下道工序的施工条件和技术要求；相关专业之间接口的交接检验应经监理单位检查认可，未经检查或检查不合格的，不得进行下道工序施工。

3）对设计要求的光缆、电缆、漏缆的低烟、无卤、阻燃等特性，以及防雨淋和抗阳光辐射特性，应由具有相应资质的检测单位出具测试报告。

4）光缆、电缆、漏缆敷设应按设计和配盘要求的盘长敷设，不得任意切断光缆、电缆和漏缆增加接头。

2.16.3 质量检查与验收

1. 民用通信引入的验收应包括民用通信引入线路安装、系统性能及功能验收。

2. 验收前，应确认民用通信引入系统机房环境及供电、防雷、接地等符合设计要求。

3. 民用通信引入线路安装检查与验收内容

1）民用通信引入采用的光缆、电缆、漏缆等成品线缆的低烟、无卤、阻燃绝缘、防腐防鼠等特性，应符合现行国家标准《地铁设计规范》（GB 50157）的要求，并应由具有相应资质的检测单位出具检测报告。

2）支架、托架、吊架、夹具等其他材料、构配件，其材质、物理机械性能应符合设计要求。

3）民用通信引入预埋管线、预留孔洞的使用应符合设计要求。

4）民用通信引入/出入机房的沟、槽、管、孔应进行防火防鼠封堵。

5）民用通信引入线路光缆、电缆、漏缆敷设位置应符合设计要求，并固定牢固。区间光缆、电缆、漏缆的敷设，不得侵入设备限界。

6）民用通信引入缆线在经过人防门时应符合设计及人防专业的要求。

7）民用通信引入区间设备的安装应符合设计要求，并固定牢靠，不得侵入设备限界。

4. 民用通信引入系统性能及功能验收

1）民用通信引入的系统性能和功能应符合设计要求。

2）民用通信的引入不得影响城市轨道交通通信系统的正常使用，其杂散发射指标应符合现行行业标准《无线电设备杂散发射技术要求和测量方法》（YD/T 1483）的要求。

2.17 公安通信

2.17.1 施工要点

1）公安通信的施工场所应包括控制中心、车辆基地、车站、区间、地铁公安分局、派出所等。

2）公安通信线路施工要点应符合 2.3.1 节的施工规范。区间光缆、电缆、漏缆的敷设，不得侵入设备限界。

2.17.2 质量控制措施

1）工程采用的设备、材料应进行进场验收，不合格的不得用于工程。

2）对设计要求的光缆、电缆、漏缆的低烟、无卤、阻燃等特性，以及防雨淋和抗阳光辐射特性，应由具有相应资质的检测单位出具测试报告。

3）光缆、电缆、漏缆敷设应按设计和配盘要求的盘长敷设，不得任意切断光缆、电缆和漏缆增加接头。

2.17.3 质量检查与验收

1. 公安通信质量验收规定

1）公安通信验收应包括公安通信线路、公安电源系统、公安数据网络、公安无线通信引入、公安视频监视系统等。

2）公安无线通信的验收，应在设备安装验收合格、网管数据配置正确的情况下进行。

2. 公安通信线路质量检查与验收内容

1）公安通信线路验收应包括光缆敷设、电缆敷设、光缆接续及引入、电缆接续及引入、光缆线路检测、电缆线路检测、漏缆敷设、漏缆连接及引入、漏缆线路检测等。

2）公安通信线路验收应符合 2.3.3 节的验收规范。

3. 公安电源系统检查与验收内容

1）公安电源系统验收应包括电源设备安装、电源设备配线、接地安装、电源系统性能检测、电源系统功能检验、电源集中监控系统检验。

2）公安电源系统验收应符合本书 2.5 节的相关规定。

4. 公安数据网络检查与验收内容

1) 公安数据网络验收应包括数据网络设备安装、数据网络设备配线、数据网络综合布线、数据网络系统检验和数据网络网管检验。

2) 公安数据网络设备安装和配线应符合本书 2.4.3 节的规定。

3) 公安数据网络综合布线应符合现行国家标准《综合布线系统工程验收规范》(GB/T 50312) 的规定。

4) 公安数据网络系统检验、网管检验应符合本书 2.14.3 节的规定。

5. 公安无线通信引入的检查与验收内容

1) 公安无线通信引入验收应包括天线和馈线安装、无线通信引入设备安装、无线通信引入设备配线、无线通信引入性能检测和无线通信引入功能检验。

2) 公安无线通信引入天馈线安装应符合本书 2.9.3 节的相关规定，设备安装和配线应符合本书 2.4.3 节和 2.9.3 节的相关规定。

3) 公安无线通信引入的下列性能应符合设计要求：

（1）基站设备的射频输出功率、发射频偏、调制矢量误差、接收灵敏度等。

（2）直放站设备的射频输出功率、输入光功率、输出光功率、光接收动态范围增益等。

（3）POI 设备的插入损耗、带内波动隔离度、驻波比等。

（4）系统场强覆盖。

4) 公安无线通信引入的下列功能应符合设计要求：

（1）网管设备的故障管理、性能管理、配置管理、用户管理、安全管理等。

（2）系统的呼叫功能、数据功能、多优先级功能、故障弱化功能、漫游切换功能、与既有系统互联互通功能等。

6. 公安视频监视系统检查与验收内容

1）公安视频监视系统验收应包括视频监视设备安装、视频监视设备配线、视频监视系统性能检测、视频监视系统功能检验和视频监视系统网管检验。

2）公安视频监视的设备安装和配线应符合本书 2.4.3 节和 2.10.3 节的相关规定。公安视频监视设备安装不得侵入设备限界，车载设备安装不得超出车辆限界。

3）公安视频监视系统的性能检测、功能检验、网管检验应符合本书 2.10.3 节的相关规定。

3 城市轨道交通综合监控工程

3.1 基本规定

3.1.1 城市轨道交通综合监控系统(以下简称"综合监控系统")工程施工现场质量管理应有相应的施工技术标准、健全的质量管理体系、施工质量检验制度和施工质量水平评定考核制度。

3.1.2 综合监控系统工程除应按现行国家标准《建筑工程施工质量验收统一标准》(GB 50300)中的有关规定进行施工质量控制外,还应符合下列规定:

1) 工程采用的主要材料、构配件和设备,施工单位应对其外观、规格、型号和质量证明文件等进行验收,并应经监理单位检查认可。

2) 对涉及结构安全和使用功能的材料、构配件和设备,施工单位进行检验,监理单位应按规定进行见证取样检测或平行检验,不合格的不得用于施工。

3) 新材料、新设备、新器材及进口设备和器材的进场验收,除应符合本规范规定外,尚应提供安装、使用、维修、试验及合同规定的有关文件、检测报告等。

3.1.3 综合监控系统工程应为一个独立的单位工程,应划分为火灾自动报警、门禁、气灭控制、综合监控、环境与设备监控五个子单位工程,子单位工程又可以分为好几个分部工程，分部工程又是由好几个分项工程构成的，具体规定可参考《城市轨道交通综合监控系统工程施工与质量验收规范》。

3.1.4 综合监控系统工程的质量验收程序和组织应符合现行国家标准《建筑工程施工质量验收统一标准》（GB 50300）中的有关规定。

3.1.5 在综合监控系统工程质量验收中，对不符合规范要求的综合监控系统工程，且通过返修或加固处理仍不能满足安全使用要求的分部工程、单位工程，严禁验收。

3.2 质量控制要点

3.2.1 通用质量控制要求

1. 固定支吊架的后植锚栓应在监理见证下进行现场抗拔检测，检测数量按设计要求，当设计无要求时按不少于1‰进行检测；检测单位应具备检测资质。

2. 进场电线电缆应进行见证取样送检电阻值，检测数量按设计要求或业主规定执行，但不得少于线缆规格10%且不少于2组。

3. 进场电线电缆应进行见证取样送检防火等级，检测数量按设计要求或业主规定执行。

4. 施工质量的验收应符合下列规定

1）隐蔽工程应在下道工序施工前进行100%验收；

2）线槽、线管、支架敷设质量抽检比例不应低于20%；

3）线缆敷设和端接质量抽检比例不应低于20%；

4）各类控制箱、柜、盘安装质量抽检比例不应低于

20%且不应少于10台；当少于10台时应全部检查；

5）每种类型传感器安装质量抽检比例不应低于10%且不应少于10台；当少于10台时应全部检查；

6）每种类型执行器安装质量抽检比例不应低于10%且不应少于10台；当少于10台时应全部检查。

3.2.2 材料进场质量控制

1. 进场材料应进行现场检查验收，并检查以下工作

线缆类材料验收：

1）查验合格证：质量证明书或合格证、出厂检验报告。复试报告；按各类规格10%抽检，且不少于2组。

2）外观检查：包装完好，电缆端头应密封良好，标识应齐全。抽检的绝缘导线或电缆绝缘层应完整无损，厚度均匀。电缆无压扁、扭曲，铠装不应松卷。绝缘导线、电缆外护层应有明显标识和制造厂标。

3）检测绝缘性能：电线、电缆的绝缘性能应符合产品技术标准或产品技术文件规定。

4）检查标称截面面积和电阻值：绝缘导线、电缆的标称截面面积应符合设计要求，其导体电阻值应符合现行国家标准《电缆的导体》（GB/T 3956）的有关规定。当对绝缘导线和电缆的导电性能、绝缘性能绝缘厚度、机械性能和阻燃耐火性能有异议时，应按批抽样送有资质的实验室检测。检测项目和内容应符合国家现行有关产品标准的规定。

2. 金属管及金属线槽

1）表面防腐处理应符合设计要求，查验厂家合格证明；

2）现场检查材料外观质量：是否存在锈蚀、变形、破损影响使用的质量缺陷；

3）检查材质及材料厚度应符合设计要求。

3.2.3 设备进场质量控制要点

1) 设备质量证明书或合格证齐全,进口设备应提供报关单;需进行3C认证设备应提供3C认证证书,消防类产品应提供型式检验报告;

2) 进场设备应进行上电检查,抽检设备总数10%,且不少于2台。

3.2.4 质量控制措施

1) 设备安装和设备配线时,采用的设备、材料应进行进场验收,不合格的不得用于工程。

2) 设备安装时,使用的电器具不能损伤设备。

3) 设备配线时,缆线和光跳线不能挤压、扭曲和背扣。

4) 施工完成后进行质量检查,把零乱的线绑扎并固定。

3.2.5 质量检查与验收

1. 设备安装和配线验收规定

1) 设备安装和配线的施工场所应包括控制中心、车辆基地、车站、变电所及区间等安装通信设备或终端的地方。设备安装和配线的验收内容包括安装在设备机房内的通信设备的设备安装、设备配线。

2) 验收前应根据设计文件核对预埋管线、预留孔洞、基础的条件符合设备安装和配线要求。

2. 设备安装检查与验收内容

1) 壁挂式设备安装位置和方式应符合设计要求,并应安装牢固可靠。

2) 金属机柜(架)、基础型钢应保持电气连接,并应可靠接地。

3) 设备应排列整齐、漆饰完好,铭牌和标记应清楚准确。

3. 设备配线检查与验收内容

1）配线电缆、光跳线的芯线应无错线或断线、混线，中间不得有接头。

2）柜（架）应可靠接地，配线电缆的屏蔽护套应可靠接地。

3）各种电缆在机防静电地板下、走线架或槽道内、机柜（架）内均匀绑扎固定、松紧适度，其中软光纤应加套管或线槽保护。

4）缆线两端的标签，其型号、序号、长度及起止设备名称等标识信息应准确。

5）当缆线接入设备或配线架时，应留有余长。

3.3 火灾自动报警系统

火灾自动报警系统是火灾探测报警与消防联动控制系统的简称，是以实现火灾早期探测和报警，向各类消防设备发出控制信号并接收、显示设备反馈信号，进而实现预定消防功能为基本任务的一种自动消防设施。

3.3.1 设备安装和配线

1. 设备安装要点

1）火灾报警控制器、消防联动控制器、火灾显示盘、控制中心监控设备、家用火灾报警控制器、消防电话总机、可燃气体报警控制器、电气火灾监控设备、防火门监控器、消防设备电源监控器、消防控制室图形显示装置、传输设备、消防应急广播控制装置等控制与显示类设备的安装应符合下列规定：

（1）应安装牢固，不应倾斜；

（2）安装在轻质墙上时，应采取加固措施；

（3）落地安装时，其底边宜高出地（楼）面100～200mm。

2）控制与显示类设备应与消防电源、备用电源直接连接，不应使用电源插头。主电源应设置明显的永久性标识。

3）控制与显示类设备的蓄电池需进行现场安装时，应核对蓄电池的规格、型号、容量，并应符合设计文件的规定，蓄电池的安装应满足产品使用说明书的要求。

4）控制与显示类设备的接地应牢固，并应设置明显的永久性标识。

2. 探测器安装

1）点型感烟火灾探测器、点型感温火灾探测器、一氧化碳火灾探测器、点型家用火灾探测器、独立式火灾探测报警器的安装，应符合下列规定：

（1）探测器至墙壁、梁边的水平距离不应小于0.5m；

（2）探测器周围水平距离0.5m内不应有遮挡物；

（3）探测器至空调送风口最近边的水平距离不应小于1.5m，至多孔送风顶棚孔口的水平距离不应小于0.5m；

（4）在宽度小于3m的内走道顶棚上安装探测器时，宜居中安装，点型感温火灾探测器的安装间距不应超过10m，点型感烟火灾探测器的安装间距不应超过15m，探测器至端墙的距离不应大于安装间距的1/2；

（5）探测器宜水平安装，当确需倾斜安装时，倾斜角不应大于45°。

2）线型光束感烟火灾探测器的安装应符合下列规定：

（1）探测器光束轴线至顶棚的垂直距离宜为0.3～1.0m，高度大于12m的空间场所增设的探测器的安装高度应符合设计文件和现行国家标准《火灾自动报警系统设计规范》（GB 50116）的规定；

（2）发射器和接收器（反射式探测器的探测器和反射板）之间的距离不宜超过100m；

（3）相邻两组探测器光束轴线的水平距离不应大于14m，探测器光束辅线至侧墙水平距离不应大于7m，且不应小于0.5m；

（4）发射器和接收器（反射式探测器的探测器和反射板）应安装在固定结构上，且应安装牢固，确需安装在钢架等容易发生位移形变的结构上时，结构的位移不应影响探测器的正常运行；

（5）发射器和接收器（反射式探测器的探测器和反射板）之间的光路上应无遮挡物；

（6）应保证接收器（反射式探测器的探测器）避开日光和人工光源直接照射。

3）线型感温火灾探测器的安装应符合下列规定：

（1）敷设在顶棚下方的线型差温火灾探测器至顶棚距离宜为0.1m，相邻探测器之间的水平距离不宜大于5m，探测器至墙壁距离宜为1.0~1.5m；

（2）在电缆桥架、变压器等设备上安装时，宜采用接触式布置，在各种皮带输送装置上敷设时，宜敷设在装置的过热点附近；

（3）探测器敏感部件应采用产品配套的固定装置固定，固定装置的间距不宜大于2m；

（4）缆式线型感温火灾探测器的敏感部件应采用连续无接头方式安装，如确需中间接线，应采用专用接线盒连接，敏感部件安装敷设时应避免重力挤压冲击，不应硬性折弯、扭转，探测器的弯曲半径宜大于0.2m；

（5）分布式线型光纤感温火灾探测器的感温光纤不应打结，光纤弯曲时，弯曲半径应大于50mm，每个光通道配接的感温光纤的始端及末端应各设置不小于8m的余量段，感温光纤穿越相邻的报警区域时，两侧应分别设置不小8m的余量段；

（6）光栅光纤线型感温火灾探测器的信号处理单元安装位置不应受强光直射，光纤光栅感温段的弯曲半径应大于0.3m。

4）管路采样式吸气感烟火灾探测器的安装应符合下列规定：

（1）高灵敏度吸气式感烟火灾探测器当设置为高灵敏度时，可安装在顶棚高度大于16m的场所，并应保证至少有两个采样孔低于16m；

（2）非高灵敏度的吸气式感烟火灾探测器不宜安装在顶棚高度大于16m的场所；

（3）采样管应牢固安装在过梁、空间支架等建筑结构上；

（4）在大空间场所安装时，每个采样孔的保护面积、保护半径应满足点型感烟火灾探测器的保护面积、保护半径的要求，当采样管道布置形式为垂直采样时，每2℃温差间隔或3m间隔（取最小的）应设置一个采样孔，采样孔不应背对气流方向；

（5）采样孔的直径应根据采样管的长度及敷设方式、采样孔的数量等因素确定，并应满足设计文件和产品使用说明书的要求，采样孔需要现场加工时，应采用专用打孔工具；

（6）当采样管道采用毛细管布置方式时，毛细管长度不宜超过4m；

（7）采样管和采样孔应设置明显的火灾探测器标识。

5）点型火焰探测器和图像型火灾探测器的安装应符合下列规定：

（1）安装位置应保证其视场角覆盖探测区域，并应避免光源直接照射在探测器的探测窗口；

（2）探测器的探测视角内不应存在遮挡物；

（3）在室外或交通隧道场所安装时，应采取防尘、防水措施。

6）可燃气体探测器的安装应符合下列规定：

（1）安装位置应根据探测气体密度确定，若其密度小于空气密度，探测器应位于可能出现泄漏点的上方或探测气体的最高可能聚集点上方，若其密度大于或等于空气密度，探测器应位于可能出现泄漏点的下方；

（2）在探测器周围应适当留出更换和标定的空间；

（3）线型可燃气体探测器在安装时，应使发射器和接收器的窗口避免日光直射，且在发射器与接收器之间不应有遮挡物，发射器和接收器的距离不宜大于60m，两组探测器之间的轴线距离不应大于14m。

7）电气火灾监控探测器的安装应符合下列规定：

（1）探测器周围应适当留出更换与标定的作业空间；

（2）剩余电流式电气火灾监控探测器负载侧的中性线不应与其他回路共用，且不应重复接地；

（3）测温式电气火灾监控探测器应采用产品配套的固定装置固定在保护对象上。

8）探测器底座的安装应符合下列规定：

（1）应安装牢固，与导线连接应可靠压接或焊接，当采用焊接时，不应使用带腐蚀性的助焊剂；

（2）连接导线应留有不小于150mm的余量，且在其端部应设置明显的永久性标识；

（3）穿线孔宜封堵，安装完毕的探测器底座应采取保护措施。

9）探测器报警确认灯应朝向便于人员观察的主要入口方向。

10）探测器在即将调试时方可安装，在调试前应妥善保管并应采取防尘、防潮、防腐蚀措施。

3. 系统其他部件安装

1）手动火灾报警按钮、消火栓按钮、防火卷帘手动控制装置、气体灭火系统手动与自动控制转换装置、气体灭火系统现场启动和停止按钮的安装，应符合下列规定：

（1）手动火灾报警按钮、防火卷帘手动控制装置、气体灭火系统手动与自动控制转换装置、气体灭火系统现场启动和停止按钮应设置在明显和便于操作的部位，其底边距地（楼）面的高度宜为1.3~1.5m，且应设置明显的永久性标识，消火栓按钮应设置在消火栓箱内，疏散通道设置的防火卷帘两侧均应设置手动控制装置；

（2）应安装牢固，不应倾斜；

（3）连接导线应留有不小于150mm的余量，且在其端部应设置明显的永久性标识。

2）模块或模块箱的安装应符合下列规定：

（1）同一报警区域内的模块宜集中安装在金属箱内，不应安装在配电柜、箱或控制柜、箱内；

（2）应独立安装在不燃材料或墙体上，安装牢固，并应采取防潮、防腐蚀等措施；

（3）模块的连接导线应留有不小于150mm的余量，其端部应有明显的永久性标识；

（4）模块的终端部件应靠近连接部件安装；

（5）隐蔽安装时在安装处附近应设置检修孔和尺寸不小于100mm×100mm的永久性标识。

3）消防电话分机和电话插孔的安装应符合下列规定：

（1）宜安装在明显、便于操作的位置，采用壁挂方式安装时，其底边距地（楼）面的高度宜为1.3～1.5m；

（2）避难层中，消防专用电话分机或电话插孔的安装间距不应大于20m；

（3）应设置明显的永久性标识；

（4）电话插孔不应设置在消火栓箱内。

4）消防应急广播扬声器、火灾警报器、喷洒光警报器、气体灭火系统手动与自动控制状态显示装置的安装应符合下列规定：

（1）扬声器和火灾声警报装置宜在报警区域内均匀安装，扬声器在走道内安装时，距走道末端的距离不应大于12.5m；

（2）火灾光警报装置应安装在楼梯口、消防电梯前室、建筑内部拐角等处的明显部位，且不宜与消防应急疏散指示标志灯具安装在同一面墙上，确需安装在同一面墙上时，距离不应小于1m；

（3）气体灭火系统手动与自动控制状态显示装置应安装在防护区域内的明显部位，喷洒光警报器应安装在防护区域外，且应安装在出口门的上方；

（4）采用壁挂方式安装时，底边距地面高度应大于2.2m；

（5）应安装牢固，表面不应有破损。

5）消防设备应急电源和备用电源蓄电池的安装应符合下列规定：

（1）应安装在通风良好的场所，当安装在密封环境中时应有通风措施，电池安装场所的环境温度不应超出电池标称的工作温度范围；

（2）不应安装在火灾爆炸危险场所；

（3）酸性电池不应安装在带有碱性介质的场所，碱性电池不应安装在带有酸性介质的场所。

6）消防设备电源监控系统传感器的安装应符合下列规定：

（1）传感器与裸带电导体应保证安全距离，金属外壳的传感器应有保护接地；

（2）传感器应独立支撑或固定，应安装牢固，并应采取防潮、防腐蚀等措施；

（3）传感器输出回路的连接线应采用截面面积不小于1.0mm^{2}的双绞铜芯导线，并应留有不小于150mm的余量，其端部应设置明显的永久性标识；

（4）传感器的安装不应破坏被监控线路的完整性，不应增加线路接点。

7）防火门监控模块与电动闭门器、释放器、门磁开关等现场部件的安装应符合下列规定：

（1）防火门监控模块至电动闭门器、释放器、门磁开关等现场部件之间连接线的长度不应大于3m；

（2）防火门监控模块、电动闭门器、释放器、门磁开关等现场部件应安装牢固；

（3）门磁开关的安装不应破坏门扇与门框之间的密

闭性。

8) 消防电气控制装置的安装应符合下列规定：

（1）消防电气控制装置在安装前应进行功能检查，检查结果不合格的装置不应安装；

（2）消防电气控制装置外接导线的端部应设置明显的永久性标识；

（3）消防电气控制装置应安装牢固，不应倾斜，安装在轻质墙体上时应采取加固措施。

4. 设备配线要点

1) 配线应整齐，不宜交叉，并应固定牢靠；

2) 线缆芯线的端部均应标明编号，并应与设计文件一致，字迹应清晰且不易褪色；

3) 端子板的每个接线端接线不应超过2根；

4) 线缆应留有不小于200mm的余量；线缆应绑扎成束；

5) 线缆穿管、槽盒后，应将管口、槽口封堵。

3.3.2 施工要点

1) 火灾自动系统的施工场所应包括控制中心、车辆基地、车站、区间、主变电所等。

2) 火灾自动报警系统设备的安装规范和配线规范应符合本书3.3.1节的内容。

3.3.3 质量控制措施

火灾自动报警系统中传输设备安装和配线的质量控制措施应采用本书3.2.4节的质量控制措施。

3.3.4 自动火灾报警系统验收

1. 火灾报警控制器调试

1) 调试前应切断火灾报警控制器的所有外部控制连线，

并将任一个总线回路的火灾探测器以及该总线回路上的手动火灾报警按钮等部件连接后，方可接通电源。

2）对控制器进行下列功能检查并记录：

（1）检查自检功能和操作级别；

（2）使控制器与探测器之间的连线断路和短路，控制器应在100s内发出故障信号（短路时发出火灾报警信号除外）；在故障状态下，使任一非故障部位的探测器发出火灾报警信号，控制器应在1min内发出火灾报警信号，并应记录火灾报警时间，再使其他探测器发出火灾报警信号。检查控制器的再次报警功能；

（3）检查消声和复位功能；

（4）使控制器与备用电源之间的连线断路和短路，控制器应在100s内发出故障信号；

（5）检查屏蔽功能；

（6）使总线隔离器保护范围内的任一点短路，检查总线隔离器的隔离保护功能；

（7）使任一总线回路上不少于10只的火灾探测器同时处于火灾报警状态，检查控制器的负载功能；

（8）检查主、备电源的自动转换功能，并在备电工作状态下重复第（7）检查；

（9）检查控制器特有的其他功能。

3）依次将其他回路与火灾报警控制器相连接。

2. 点型感烟、感温火灾探测器调试

1）采用专用的检测仪器或模拟火灾的方法，逐个检查每只火灾探测器的报警功能，探测器应能发出火灾报警信号。

2）对于不可恢复的火灾探测器应采取模拟报警方法逐

个检查其报警功能，探测器应能发出火灾报警信号，当有备品时，可抽样检查其报警功能。

3. 线型感温火灾探测器调试

1）在不可恢复的探测器上模拟火警和故障，探测器应能分别发出火灾报警和故障信号。

2）可恢复的探测器可采用专用检测仪器或模拟火灾的办法使其发出火灾报警信号，并在终端盒上模拟故障，探测器应能分别发出火灾报警和故障信号。

4. 红外光束感烟火灾探测器调试

1）调整探测器的光路调节装置，使探测器处于正常监视状态。

2）用减光率为 0.9dB 的减光片遮挡光路，探测器不应发出火灾报警信号。

3）用产品生产企业设定减光率（1.0～10.0dB）的减光片遮挡光路，探测器应发出火灾报警信号。

4）用减光率为 11.5dB 的减光片遮挡光路，探测器应发出故障信号或火灾报警信号。

5. 通过管路采样的吸气式火灾探测器调试

1）在采样管最末端（最不利处）采样孔加入试验烟。探测器或其控制装置应在 120s 内发出火灾报警信号。

2）根据产品说明书，改变探测器的采样管路气流，使探测器处于故障状态，探测器或其控制装置应在 100s 内发出故障信号。

6. 点型火焰探测器和图像型火灾探测器调试

采用专用检测仪器和模拟火灾的方法在探测器监视区域内最不利处检查探测器的报警功能，探测器应能正确响应。

7. 手动火灾报警按钮调试

1）对可恢复的手动火灾报警按钮，施加适当的推力使报警按钮动作，报警按钮应发出火灾报警信号。

2）对不可恢复的手动火灾报警按钮应采用模拟动作的方法使报警按钮发出火灾报警信号（当有备用启动零件时，可抽样进行动作试验），报警按钮应发出火灾报警信号。

8. 消防联动控制器调试

1）将消防联动控制器与火灾报警控制器、任一回路的输入/输出模块及该回路模块控制的受控设备相连接，切断所有受控现场设备的控制连线，接通电源。

2）按现行国家标准《消防联动控制系统》（GB 16806）的有关规定检测消防联动控制系统内各类用电设备的各项控制、接收反馈信号（可模拟现场设备自动信号）和显示功能。

3）使消防联动控制器分别处于自动工作和手动工作状态，检查其状态显示，并进行下列功能检查并记录，控制器应满足相应要求：

（1）自检功能和操作级别。

（2）消防联动控制器与各模块之间的连线断路和短路时，消防联动控制器能在100s内发出故障信号。

（3）消防联动控制器与备用电源之间的连线断路和短路时，消防联动控制器应能在100s内发出故障信号。

（4）检查消声、复位功能。

（5）检查屏蔽功能。

（6）使总线隔离器保护范围内的任一点短路，检查总线隔离器的隔离保护功能。

（7）使至少50个输入/输出模块同时处于动作状态（模

块总数少于50个时,使所有模块动作),检查消防联动控制器的最大负载功能。

(8)检查主、备电源的自动转换功能,并在备电工作状态下重复第(7)检查。

4)接通所有启动后可以恢复的受控现场设备。

5)使消防联动控制器的工作状态处于自动状态,按现行国家标准《消防联动控制系统》(GB 16806)的有关规定和设计的联动逻辑关系进行下列功能检查并记录:

(1)按设计的联动逻辑关系,使相应的火灾探测器发出火灾报警信号,检查消防联动控制器接收火灾报警信号情况、发出联动信号情况、模块动作情况、受控设备的动作情况、受控现场设备动作情况、接收反馈信号(对于启动后不能恢复的受控现场设备,可模拟现场设备自动反馈信号)及各种显示情况。

(2)检查手动插入优先功能。

6)使消防联动控制器的工作状态处于手动状态,按现行国家标准《消防联动控制系统》(GB 16806)的有关规定和设计的联动逻辑关系依次手动启动相应的受控设备,检查消防联动控制器发出联动信号情况、模块动作情况、受控设备的动作情况和受控现场设备动作情况、接收反馈信号(对于启动后不能恢复的受控现场设备,可模拟现场设备自动反馈信号)及各种显示情况。

7)对于直接用火灾探测器作为触发器件的自动灭火控制系统除符合本节有关规定外,尚应按现行国家标准《火灾自动报警系统设计规范》(GB 50116)的规定进行功能检查。

9. 区域显示器(火灾显示盘)调试

将区域显示器(火灾显示盘)与火灾报警控制器相连

接,按现行国家标准《火灾显示盘》(GB 17429)的有关要求检查其下列功能并记录,控制器应满足标准要求:

1)区域显示器(火灾显示盘)能否在 3s 内正确接收和显示火灾报警控制器发出的火灾报警信号。

2)消声、复位功能。

3)操作级别。

4)对于非火灾报警控制器供电的区域显示器(火灾显示盘),应检查主、备电源的自动转换功能和故障报警功能。

10. 可燃气体报警控制器调试

1)切断可燃气体报警控制器的所有外部控制连线,将任一回路与控制器相连接后,接通电源。

2)控制器应按现行国家标准《可燃气体报警控制器》(GB 16808)的有关要求进行下列功能试验,并应满足标准要求。

(1)自检功能和操作级别。

(2)控制器与探测器之间的连线断路和短路时,控制器应在 100s 内发出故障信号。

(3)在故障状态下,使任一非故障探测器发出报警信号,控制器应在 1min 内发出报警信号,并应记录报警时间;再使其他探测器发出报警信号,检查控制器的再次报警功能。

(4)消声和复位功能。

(5)控制器与备用电源之间的连线断路和短路时,控制器应在 100s 内发出故障信号。

(6)高限报警或低、高两段报警功能。

(7)报警设定值的显示功能。

(8)控制器最大负载功能,使至少 4 只可燃气体探测器同时处于报警状态（探测器总数少于 4 只时，使所有探测器均处于报警状态）。

（9）主、备电源的自动转换功能，并在备电工作状态下检查。

3）依次将其他回路与可燃气体报警控制器相连接重复检查。

11. 可燃气体探测器调试

1）依次将可燃气体探测器按产品生产企业提供的调试方法使其正常动作，探测器应发出报警信号。

2）对探测器施加达到响应浓度值的可燃气体标准样气，探测器应在 30s 内响应。撤去可燃气体，探测器应在 60s 内恢复到正常监视状态。

3）对于线型可燃气体探测器除符合本节规定外，尚应将发射器发出的光全部遮挡，探测器相应的控制装置应在 100s 内发出故障信号。

12. 消防电话调试

1）在消防控制室与所有消防电话、电话插孔之间互相呼叫与通话，总机应能显示每部分机或电话插孔的位置，呼叫铃声和通话语音应清晰。

2）消防控制室的外线电话与另外一部外线电话模拟报警电话通话，语音应清晰。

3）检查群呼、录音等功能，各项功能均应符合要求。

13. 消防应急广播设备调试

1）以手动方式在消防控制室对所有广播分区进行选区广播，对所有共用扬声器进行强行切换，应急广播应以最大功率输出。

2）对扩音机和备用扩音机进行全负荷试验，应急广播的语音应清晰。

3）对接入联动系统的消防应急广播设备系统，使其处于自动工作状态，然后按设计的逻辑关系，检查应急广播的工作情况，系统应按设计的逻辑广播。

4）使任意一个扬声器断路，其他扬声器的工作状态不应受影响。

14．系统备用电源调试

1）检查系统中各种控制装置使用的备用电源容量，电源容量应与设计容量相符。

2）使各备用电源放电终止，再充电 48h 后断开设备主电源，备用电源至少应保证设备工作 8h，且应满足相应的标准及设计要求。

15．消防设备应急电源调试

1）切断应急电源应急输出时直接启动设备的连线，接通应急电源的主电源。

2）按下述要求检验应急电源的控制功能和转换功能，并观察其输入电压、输出电压、输出电流、主电工作状态、应急工作状态、电池组及各单节电池电压的显示情况，做好记录，显示情况应与产品使用说明书规定相符，并满足要求。

3）手动启动应急电源输出，应急电源的主电和备用电源不应同时输出，且应在 5s 内完成应急转换：

（1）手动停止应急电源的输出，应急电源应恢复到启动前的工作状态；

（2）断开应急电源的主电源，应急电源应能发出声提示信号，声信号应能手动消除；接通主电源，应急电源应恢复到主电工作状态；

（3）给具有联动自动控制功能的应急电源输入联动启动信号，应急电源应在 5s 内转入应急工作状态，且主电源和备用电源应不能同时输出；输入联动停止信号，应急电源应恢复到主电工作状态；

（4）具有手动和自动控制功能的应急电源处于自动控制状态，然后手动插入操作，应急电源应有手动插入优先功能，且应有自动控制状态和手动控制状态指示。

4）断开应急电源的负载，按下述要求检查应急电源的保护功能，并做好记录。

（1）使任一输出回路保护动作，其他回路输出电压应正常；

（2）使配接三相交流负载输出的应急电源的三相负载回路中的任一相停止输出，应急电源应能自动停止该回路的其他两相输出，并应发出声、光故障信号；

（3）使配接单相交流负载的交流三相应急电源输出的任一相停止输出，其他两相应能正常工作，并应发出声、光故障信号。

5）将应急电源接上等效于满负载的模拟负载，使其处于应急工作状态，应急工作时间应大于设计应急工作时间的 1.5 倍，且不小于产品标称的应急工作时间。

6）使应急电源充电回路与电池之间、电池与电池之间连线断线，应急电源应在 100s 内发出声、光故障信号，声故障信号应能手动消除。

16. 消防控制中心图形显示装置调试

1）将消防控制中心图形显示装置与火灾报警控制器和消防联动控制器相连，接通电源。

2）操作显示装置使其显示完整系统区域覆盖模拟图和

各层平面图，图中应明确指示报警区域、主要部位和各消防设备的名称和物理位置，显示界面应为中文界面。

3）使火灾报警控制器和消防联动控制器分别发出火灾报警信号和联动控制信号，显示装置应在38s内接收，准确显示相应信号的位置，并能优先显示火灾报警信号相对应的界面。

4）使具有多个报警平面图的显示装置处于多报警平面显示状态，各报警平面应能自动和手动查询，并应有总数显示，且应能手动插入使其立即显示首次火警相应的报警平面图。

5）使显示装置显示故障或联动平面，输入火灾报警信号，显示装置应能立即转入火灾报警平面的显示。

17. 气体灭火控制器调试

1）切断气体灭火控制器的所有外部控制连线，接通电源。

2）给气体灭火控制器输入设定的启动控制信号，控制器应有启动输出，并发出声、光启动信号。

3）输入启动设备自动的模拟反馈信号，控制器应在10s内接收并显示。

4）检查控制器的延时功能，延时时间应在0～30s内可调。

5）使控制器处于自动控制状态，再手动插入操作，手动插入操作应优先。

6）按设计控制逻辑操作控制器，检查是否满足设计的逻辑功能。

7）检查控制器向消防联动控制器发送的启动、反馈信号是否正确。

18. 防火卷帘控制器调试

1）防火卷帘控制器与消防联动控制器、火灾探测器、卷门机连接并通电，防火卷帘控制器应处于正常监视状态。

2）手动操作防火卷帘控制器的按钮，防火卷帘控制器应能向消防联动控制器发出防火卷帘启、闭和停止的反馈信号。

3）用于疏散通道的防火卷帘控制器应具有两步关闭的功能，并应向消防联动控制器发出反馈信号，防火卷帘控制器接收到首次火灾报警信号后，应能控制防火卷帘自动关闭到中位处停止；接收到二次报警信号后，应能控制防火卷帘继续关闭至全闭状态。

4）用于分隔防火分区的防火卷帘控制器在接收到防火分区内任一火灾报警信号后，应能控制防火卷帘到全关闭状态，并应向消防联动控制器发出反馈信号。

19. 火灾自动报警系统调试

1）火灾自动报警系统的火灾探测功能、火灾报警功能及与其他系统的联动功能应符合现行国家标准《地铁设计规范》(GB 50157)的规定及设计文件的联动逻辑关系要求。

2）应对系统中下列装置功能进行检测：

（1）火灾报警系统装置功能检测，包括各种火灾探测器、手动火灾报警按钮、火灾报警控制器；

（2）消防联动控制系统功能检测，包括消火栓系统接口、自动灭火系统接口、专用防排烟系统接口、防火卷帘、电动挡烟垂帘、消防广播、消防电源及应急照明、疏散指示、检票机、门禁、电扶梯等系统，其动作及响应时间应符合设计文件要求。

3）全线各车站级火灾自动报警系统应与控制中心通信

正常，联动功能应符合设计文件要求。

（1）各类消防用电设备主、备电源的自动转换装置应进行转换试验。

（2）火灾报警控制器和消防联动控制器应进行功能检验。

（3）火灾探测器、手动报警按钮和声光报警器应进行模拟火灾响应和故障信号检验。

（4）消火栓系统应在出水压力符合现行国家标准《消防给水及消火栓系统技术规范》（GB 50974）的条件下，抽验下列控制功能：

① 在消防控制室内操作启、停泵；

② 水流指示器、压力开关、电动阀、电磁阀等进行功能检验。

（5）自动喷水灭火系统应在符合现行国家标准《自动喷水灭火系统设计规范》（GB 50084）的条件下，抽验下列控制功能：

① 在消防控制室内操作启、停泵；

② 水流指示器、信号阀等进行检验；

③ 压力开关、电动阀、电磁阀等进行检验。

（6）气体灭火系统应在符合现行国家标准《气体灭火系统设计规范》（GB 50370）的条件下，检验下列控制功能：

① 自动、手动启动和紧急切断试验；

② 与固定灭火设备联动控制的其他设备动作（包括关闭防火门窗、停止空调风机、关闭防火阀等）试验。

（7）防火卷帘、电动挡烟垂帘应进行联动控制功能试验。

（8）防烟排烟风机应全部检验，通风空调和防排烟设备的阀门，应抽验下列联动功能：

　　① 报警联动启停、消防控制室直接启停、现场手动启动联动防烟排烟风机；

　　② 报警联动停、消防控制室远程启停通风空调送风；

　　③ 报警联动开启、消防控制室开启、现场手动开启防排烟阀门。

　（9）消防电梯应进行手动和联动控制功能检验，非消防电梯应进行联动返回首层功能检验，其控制功能、信号均应正常。

　（10）火灾应急广播设备，应进行下列功能检验：

　　① 所有广播分区进行选区广播，对共用扬声器进行强行切换；

　　② 对扩音机和备用扩音机进行全负荷试验；

　　③ 检查应急广播的逻辑工作和联动功能。

　（11）消防专用电话的检验，应符合下列规定：

　　① 消防控制室与所设的对讲电话分机应进行通话试验；

　　② 电话插孔应进行通话试验；

　　③ 消防控制室的外线电话与模拟报警电话应进行通话试验。

　（12）在模拟火灾状态下，切断的非消防电源用电设备应符合设计文件的要求。

　（13）在模拟火灾状态下，火灾应急照明和疏散指示控制装置应使系统转入应急状态，系统中的各消防应急照明灯具均应转入应急状态。

　（14）在模拟火灾状态下，自动售检票系统的联动控制装置应自动或手动打开检票机，并显示其工作状态。

　（15）在模拟火灾状态下，闭路电视系统的联动控制装置应自动或手动切换至相关画面。

（16）在模拟火灾状态下，门禁系统的联动控制装置应自动或手动解锁指定区域门禁或全部门禁，并显示其工作状态。

20. 火灾自动报警系统的系统性能调试

1）将所有经调试合格的各项设备、系统按设计连接组成完整的火灾自动报警系统，按《火灾自动报警系统设计规范》（GB 50116—2013）和设计的联动逻辑关系检查系统的各项功能。

2）火灾自动报警系统在连续运行120h无故障后，按本规范附录C的规定填写调试记录表。

3.4 门禁系统

门禁系统是实现员工进出管理的自动化系统。通过门禁系统可实现自动识别员工身份；自动根据系统设定开启门锁；自动记录交易；自动采集数据，自动统计、产生报表；并可通过系统设定实现人员权限、区域管理和时间控制等功能。

3.4.1 设备安装和配线

1. 车站设备安装之前，建筑条件应符合下列规定

1）墙面、地面装饰完毕。

2）设备安装位置预留出线口，出线口尺寸、数量、位置符合设计要求。预留安装设备的出线口制作活动地板或装饰面板。

2. 门禁机柜安装之前，建筑条件应符合下列规定

1）机房内机柜底座应依照图纸位置提前安装。

2）防静电地板铺设完毕，架空高度、地板均布荷载符合设计要求。

3）防静电地板根据设计要求进行防静电接地连接，接地导线分别与地板支撑和防静电接地铜排可靠连接。接地导线采用多股铜线，导线截面面积不小于 $1.5mm^2$。

4）机房门、窗、锁和环控等设施完好，湿度等环境符合设计要求。

3. 车站门禁设备安装施工规范

1）要保证终端设备外形完好，表面无划痕及破损。

2）终端设备安装时，接地点和设备接地必须连接可靠。

3）终端设备构件连接要紧密、牢固，安装用的固件要有防锈层。

4）各类终端设备周围留出足够的操作和维护空间。

5）设备、底座安装要牢固，底座与地面间做防水处理；设备安装垂直、水平偏差要小于 2mm。

4. 机房设备安装施工规范

1）机柜的安装应符合下列规定：

（1）机柜固定要牢固、垂直、水平，允许偏差为 2mm。

（2）同列机柜正面位于同一平面，允许偏差为 5mm。

2）设备的机箱之间不能碰撞，漆饰应良好，不能有严重脱漆和锈蚀。

3）服务器、工作站、交换机、打印机、读卡器、控制器和边门安装时，位置应准确，安装要牢固、稳定。

5. 设备配线要点

1）配线电缆、光缆线的纤芯应无错线或短线、混线，中间不能有接头，配线两端的标志应齐全、清晰。

2）光缆尾纤应按标定的纤序连接设备。光缆线应单独布放，并应采取垫衬固定，不能挤压和扭曲。

3）当设备配线采用焊接时，焊接后芯线绝缘层应无烫伤、开裂及后缩现象，绝缘层离开端子边缘露铜不宜大于1mm。

4）当设备配线采用卡接时，电缆芯线的卡接端子应接触牢固。

5）配线电缆和电源线应分开布放，间距不应小于50mm。交流配线和直流配线应分开绑扎。

3.4.2 施工要点

1）门禁系统的施工场所应包括控制中心、车辆基地、车站、主变电所等。

2）门禁系统设备的安装规范和配线规范应符合本书3.3.1节。

3.4.3 质量控制措施

门禁系统中传输设备安装和配线的质量控制措施应采用本书3.2.4的质量控制措施。

3.4.4 门禁系统验收

1. 车站级门禁系统的功能检测应符合下列规定

1）在与车站控制器通信中断的情况下，门禁控制器应转为离线工况运行；

2）系统主机对门禁控制器在线控制时，门禁控制器工作应正常，门禁控制器和系统主机之间的信息传输功能应正常，系统主机应及时接收门禁控制器离线期间的存储信息；

3）系统应对非法强行入侵及时报警；

4）应测试门禁系统与火灾自动报警系统报警时的联动功能；

5）应测试综合后备控制盘（IBP）上的紧急开门控制功能；

6）门禁系统在离线状态下的数据存储记录保存时间应符合设计文件要求；

7）应测试电子锁断电释放功能；电子锁安装应稳固，防脱落装置安装应齐全稳固，紧急开门按钮功能应正常；

8）应测试门禁卡的应用及数据功能；

9）紧急开门按钮、门禁读卡器应安装牢固，功能应正常。检验数量：门禁控制器抽检的数量不应低于20%且不少于3台，当全线门禁控制器数量少于3台时应全部检测；被抽检设备的合格率100%时为合格；系统功能全部检测，功能符合设计文件要求为合格，合格率100%时为系统功能检测合格。

2. 中心级门禁系统的功能检测应符合下列规定

1）中心级设备与各站门禁系统网络通信功能应正常；各种操作记录、验卡记录、报警记录应实时无差错上传；

2）中心级应有报警及相关报警地图、报表等管理功能；

3）中心级应有授权功能。

3. 系统的软件检测应符合下列规定

1）演示软件的所有功能，应符合软件功能与任务书或合同书要求；

2）应对时间、适应性、稳定性以及图形化界面友好程度，对软件逐项进行测试，并应符合设计文件及产品说明书中规定的性能要求；

3）应对软件系统操作的安全性进行测试，包括系统操作人员的分级授权、系统操作人员操作信息的存储记录等；

4）应对被验收的软件进行综合评审，给出综合评审结

论,并应符合下列规定:

(1) 软件应符合设计文件要求。

(2) 软件培训记录,教材和说明书等文档的描述应与程序相符。

(3) 系统断电后,备用电源应启用,系统设备运行不应中断。

(4) 通过系统主机、门禁控制器及其他控制终端,应实时监控出入控制点的人员状况。

(5) 门禁系统应与时钟系统的时间同步。

3.5 环境与设备监控系统

环境与设备监控具体由设置在车站通风空调电控室、综合监控设备室和车站控制室的 BAS 设备以及其他现场的各 BAS 设备等组成;此外,还包括区间隧道温度探测系统(DTS)的现场级设备。控制中心中央级集中监控功能由综合监控系统完成。车站监控工作站由综合监控系统提供。BAS 车站级向综合监控系统上传设备运行状态、故障报警等信息,并接收综合监控系统下发的模式、设备控制等信息。

3.5.1 设备安装和配线

1) 本系统所包含的所有设备,如传感器、管线、电缆、光缆和控制柜(箱)等,按照产品安装说明及《自动化仪表工程施工及质量验收规范》(GB 50093—2013)和《智能建筑工程质量验收规范》(GB 50339—2013)进行施工和验收。

2) 远程 I/O 箱底边要求距地 1.2m,尽量与低压配电箱底边平齐、并排安装,同时安装位置以不影响装修美观和消防安全的位置为佳，箱门开门自由。

3）进入控制箱的控制电缆和通信电缆要求采用穿热镀锌钢管或金属线槽防护，同时要求采用密封防火材料，保证在环控电控室、照明配电室内的控制柜达到IP30，其他场所的控制柜和控制箱达到IP55的密封要求。

4）站厅和站台公共区温湿度传感器的安装位置设在回风口附近，且不能在出入口和送风口附近，安装高度为距地2.1m。要求BAS施工单位与装修施工单位进行配合，以保证整体的美观。传感器安装的位置要求为温湿度和温度敏感点，同时必须是检修和更换方便的位置。

5）新风温湿度传感器的安装位置在新风亭百叶处，高度为2.1m；公共区、设备管理用房空调新、回风混合点温湿度传感器，安装要求位于机组内壁，机组高度1/2的位置；公共区、设备管理用房送风、回风温湿度传感器，安装在相应的风管上，同时必须是检修和更换方便的位置。

6）水系统的各类传感器（如温度、流量等）的安装位置，要求安装在相关的管道上，要求测量点的位置必须为管道测量参数的敏感点，同时必须是检修和更换方便的位置。

7）配线应整齐，不宜交叉，并应固定牢靠。

8）线缆芯线的端部均应标明编号，并应与设计文件一致，字迹应清晰且不易褪色。

9）端子板的每个接线端接线不应超过2根。

10）线缆应留有不小于200mm的余量；线缆应绑扎成束。

11）线缆穿管、槽盒后，应将管口、槽口封堵。

3.5.2 施工要点

1）环境与设备监控系统的施工场所应包括控制中心、

车辆基地、车站、主变电所等。

2) 环境与设备监控系统设备的安装规范和配线规范应符合本书的3.3.1节的内容。

3.5.3 质量控制措施

环境与设备监控系统中传输设备安装和配线的质量控制措施应采用本书的3.2.4节的质量控制措施。

3.5.4 环境与设备监控系统验收

1) 系统检测应符合现行国家标准《智能建筑工程质量验收规范》(GB 50339)的规定。

2) 系统功能检测应检测环境与设备监控系统和火灾自动报警系统报警的主机通信链路的状态、发送火灾报警信息的正确性。

3) 系统功能检测应检验环境与设备监控系统解析火灾自动报警系统发送信息的正确性。

4) 控制设备及执行器性能测试应符合现行国家标准《智能建筑工程质量验收规范》(GB 50339)的规定。

5) 系统性能评测应符合现行国家标准《智能建筑工程质量验收规范》(GB 50339)的一般规定。

3.6 气体灭火系统

气体灭火系统是用于忌水场合火灾的灭火系统,一般应用于地下车站变电所内的所有设备房间,公安通信设备室、商用通信设备室、通信电源室、专用通信设备室、信号电源室、信号设备室、综合监控设备室、通风空调电控室、AFC设备室、安全门设备室等无人值守的重要电气设备房间均设置气体灭火系统。

3.6.1 设备安装和配线

1. 灭火剂储存装置的安装

1) 储存装置的安装位置应符合设计文件的要求。

2) 灭火剂储存装置安装后,泄压装置的泄压方向不应朝向操作面。低压二氧化碳灭火系统的安全阀应通过专用的泄压管接到室外。

3) 储存装置上压力计、液位计、称重显示装置的安装位置应便于人员观察和操作。

4) 储存容器的支、框架应固定牢靠,并应做防腐处理。

5) 储存容器宜涂红色油漆,正面应标明设计规定的灭火剂名称和储存容器的编号。

6) 安装集流管前应检查内腔,确保清洁。

7) 集流管上的泄压装置的泄压方向不应朝向操作面。

8) 连接储存容器与集流管间的单向阀的流向指示箭头应指向介质流动方向。

9) 集流管应固定在支、框架上。支、框架应固定牢靠,并做防腐处理。

10) 集流管外表面宜涂红色油漆。

2. 选择阀及信号反馈装置的安装

1) 选择阀操作手柄应安装在操作面一侧,当安装高度超过 1.7m 时应采取便于操作的措施。

2) 采用螺纹连接的选择阀,其与管网连接处宜采用活接。

3) 选择阀的流向指示箭头应指向介质流动方向。

4) 选择阀上应设置标明防护区或保护对象名称或编号的永久性标志牌,并应便于观察。

5) 信号反馈装置的安装应符合设计要求。

3. 阀驱动装置的安装

1) 拉索式机械驱动装置的安装应符合下列规定：

（1）拉索除必要外露部分外，应采用经内外防腐处理的钢管防护。

（2）拉索转弯处应采用专用导向滑轮。

（3）拉索末端拉手应设在专用的保护盒内。

（4）拉索套管和保护盒应固定牢靠。

2) 安装以重力式机械驱动装置时，应保证重物在下落行程中无阻挡，其下落行程应保证驱动所需距离，且不得小于25mm。

3) 电磁驱动装置驱动器的电气连接线应沿固定灭火剂储存容器的支、框架或墙面固定。

4) 气动驱动装置的安装应符合下列规定：

（1）驱动气瓶的支、框架或箱体应固定牢靠，并做防腐处理。

（2）驱动气瓶上应有标明驱动介质名称、对应防护区或保护对象名称或编号的永久性标志，并应便于观察。

5) 气动驱动装置的管道安装应符合下列规定：

（1）管道布置应符合设计要求。

（2）竖直管道应在其始端和终端设防晃支架或采用管卡固定。

（3）水平管道应采用管卡固定。管卡的间距不宜大于0.6m。转弯处应增设1个管卡。

6) 气动驱动装置的管道安装后应做气压严密性试验，并合格。

4. 灭火剂输送管道的安装

1) 灭火剂输送管道连接应符合下列规定：

(1) 采用螺纹连接时,管材宜采用机械切割;螺纹不得有缺纹、断纹等现象;螺纹连接的密封材料应均匀附着在管道的螺纹部分,拧紧螺纹时,不得将填料挤入管道内;安装后的螺纹根部应有 2~3 扣外露螺纹;连接后,应将连接处外部清理干净并做防腐处理。

(2) 采用法兰连接时,衬垫不得凸入管内,其外边缘宜接近螺栓,不得放双垫或偏垫。连接法兰的螺栓,直径和长度应符合标准,拧紧后,凸出螺母的长度不应大于螺杆直径的 1/2 且保证有不少于 2 扣外露螺纹。

(3) 已经防腐处理的无缝钢管不宜采用焊接连接,与选择阀等个别连接部位需采用法兰焊接连接时,应对被焊接损坏的防腐层进行二次防腐处理。

2) 管道穿过墙壁、楼板处应安装套管。套管公称直径比管道公称直径应至少大 2 级,穿墙套管长度应与墙厚相等,穿楼板套管长度应高出地板 50mm。管道与套管间的空隙应采用防火封堵材料填塞密实。当管道穿越建筑物的变形缝时,应设置柔性管段。

3) 管道支、吊架的安装应符合下列规定:

(1) 管道应固定牢靠,管道支、吊架的最大间距应符合表 3-1 中的规定。

表 3-1 支、吊架之间最大间距

DN(mm)	15	20	25	32	40	50	65	80	100	150
最大间距(m)	1.5	1.8	2.1	2.4	2.7	3.0	3.4	3.7	4.3	5.2

(2) 管道末端应采用防晃支架固定,支架与末端喷嘴间的距离不应大于 500mm。

(3) 公称直径大于或等于 50mm 的主干管道,垂直方向和水平方向至少应各安装1个防晃支架，当穿过建筑物楼层时，每层应设1个防晃支架。当水平管道改变方向时，应增设防晃支架。

① 火剂输送管道安装完毕后，应进行强度试验和气压严密性试验，并合格。

② 灭火剂输送管道的外表面宜涂红色油漆。

5. 喷嘴的安装

1）安装喷嘴时，应按设计要求逐个核对其型号、规格及喷孔方向。

2）安装在顶棚下的不带装饰罩的喷嘴，其连接管管端螺纹不应露出顶棚；安装在顶棚下的带装饰罩的喷嘴，其装饰罩应紧贴顶棚。

6. 预制灭火系统的安装

1）柜式气体灭火装置、热气溶胶灭火装置等预制灭火系统及其控制器、声光报警器的安装位置应符合设计要求，并固定牢靠。

2）柜式气体灭火装置、热气溶胶灭火装置等预制灭火系统装置周围空间环境应符合设计要求。

7. 控制组件的安装

1）灭火控制装置的安装应符合设计要求，防护区内火灾探测器的安装应符合现行国家标准《火灾自动报警系统施工及验收标准》（GB 50166）的规定。

2）设置在防护区处的手动、自动转换开关应安装在防护区入口便于操作的部位，安装高度为中心点距地（楼）面1.5m。

3）手动启动、停止按钮应安装在防护区入口便于操作的部位，安装高度为中心点距地（楼）面1.5m；防护区的声光报警装置安装应符合设计要求,并应安装牢固,不得倾斜。

4)气体喷放指示灯宜安装在防护区入口的正上方。

8. 配线电缆、光跳线的纤芯应无错线或短线、混线,中间不能有接头,配线两端的标志应齐全、清晰。

9. 光缆尾纤应按标定的纤序连接设备。光跳线应单独布放,并应采取垫衬固定,不能挤压和扭曲。

10. 当设备配线采用焊接时,焊接后芯线绝缘层应无烫伤、开裂及后缩现象,绝缘层离开端子边缘露铜不宜大于1mm。

11. 当设备配线采用卡接时,电缆芯线的卡接端子应接触牢固。

12. 配线电缆和电源线应分开布放,间距不应小于50mm。交流配线和直流配线应分开绑扎。

3.6.2 施工要点

1)气体灭火系统的施工场所应包括控制中心、车辆基地、车站、主变电所等。

2)气体灭火系统控制设备的安装规范和配线规范应符合本书3.3.1节的内容。

3.6.3 质量控制措施

气体灭火系统中控制设备安装和配线的质量控制措施应采用本书3.2.4节的质量控制措施。

3.7 综合监控系统

为实现地铁信息互通、资源共享,提升自动化水平,提高地铁运营的安全性、可靠性和响应性,在各站点集成和互联各相关系统。ISCS集成了电力监控系统(PSCADA)、火灾自动报警系统(FAS)、环境与设备监控系统(BAS)、隧道温度探测系统(DTS)、站台门系统(PSD)、防淹门(FG)、互联子信号系统(SIG)、自动售检票系统(AFC)、广播系统(PA)、闭路电视系统(CCTV)、乘客信息系统(PIS)、门禁系统(ACS)、通信集中告警系统(TEL/ALARM)、时钟系统(CLK)等系统,通过综合监控系统骨干网把车站的车站级综合监控系统连接到控制中心综合监控中央级系统,从而形成一个有机的整体。

3.7.1 设备安装和配线

1）服务器、工作站、交换机、打印机的安装质量应符合下列规定：

（1）安装应稳定、牢固、位置准确，符合设计要求。

（2）通风、散热应符合设计要求。

2）机柜的安装质量应符合下列规定：

（1）机柜固定应牢固、垂直、水平，垂直允许偏差应为2mm；

（2）同列机柜正面应位于同一平面，允许偏差应为5mm。

3）配线应整齐，不宜交叉，并应固定牢靠。

4）线缆芯线的端部均应标明编号，并应与设计文件一致，字迹应清晰且不易褪色。

5）端子板的每个接线端接线不应超过2根。

6）线缆应留有不小于200mm的余量；线缆应绑扎成束。

7）线缆穿管、槽盒后，应将管口、槽口封堵。

8）配线用线、缆应完整，无破损、发霉、受潮现象，芯线应无错线、断线、混线。配线（缆）不拐曲，不走皱，封头良好；电缆的屏蔽及铠装层应可靠接地。

9）电缆引入口至分线盘的电缆应排列整齐并固定牢固，电缆两端应挂铭牌，标明电缆编号、去向、芯数。

3.7.2 施工要点

1)综合监控系统的施工场所应包括控制中心、车辆基地、车站、区间、主变电所等。

2)综合监控系统设备的安装规范和配线规范应符合本书的3.3.1节。

3.7.3 质量控制措施

综合监控系统中传输设备安装和配线的质量控制措施应采用本书的3.2.4节质量控制措施。

3.7.4 自动火灾报警系统验收

1)系统总体监视功能显示应画面完整、无遗漏站点和遗漏专业,各车站及各专业设备显示状态应与现场实际设备状态一致。

2)功能验收前应完成相关调试,并应出具完整的点对点、端到端及功能调试报告。

3)综合监控系统(ISCS)与接口系统间双向通信应正常,冗余链路应符合设计文件要求。

4)综合监控系统(ISCS)接口功能验收应按规定的比例进行抽测,并应符合下列规定:

(1)电力监控系统(PSCADA)接口功能验收应符合设计文件要求,ISCS-PSCADA功能验证应符合表3-2中的规定。

表3-2 ISCS-PSCADA 功能验证记录

测试时间: 测试地点:

项目	标准	检验方法	判定	抽测比例
单控功能	在工作站人机界面进行遥控操作,按约定好的数据格式,成功下发单控命令至PSCADA系统,遥控结果在人机界面上显示	现场操作	□通过 □不通过	不低于5%

续表

项目	标准	检验方法	判定	抽测比例
程控	在工作站人机界面进行遥控操作,按约定好的数据格式,成功下发程控命令至PSCADA系统,遥控结果在人机界面上显示	现场操作	□通过 □不通过	全部测试
遥调功能	在工作站人机界面进行遥调操作,按约定好的数据格式,成功下发命令至PSCAD系统,遥调结果在人机界面上显示	现场操作	□通过 □不通过	不低于5%
遥测功能	在工作站人机界面正确显示PSCADA系统上传的遥测信息	现场操作	□通过 □不通过	不低于5%
遥信功能	在工作站人机界面正确显示PSCADA系统上传的遥信信息	现场操作	□通过 □不通过	不低于5%
越限报警	模拟PSCADA设备遥测值达到越限报警值,对应开关遥测量显示的颜色与图标库定义颜色一致,并且报警栏产生越限报警	现场操作	□通过 □不通过	不低于5%
挂牌操作	在工作站人机界面对PSCADA设备进行挂牌操作,并且操作成功	现场操作	□通过 □不通过	不低于5%
权限移交	在工作站人机界面进行PSCADA权限移交和回收操作,并且操作成功	现场操作	□通过 □不通过	全部测试
OPS界面图显示	在OPS上成功显示PSCADA大屏幕界面图	现场查看	□通过 □不通过	全部检查

(2)环境与设备监控系统(BAS)接口功能验收应符合设计文件要求,ISCS-BAS 功能验证应符合表 3-3 中的规定。

表 3-3 ISCS-BAS 功能验证

测试时间:　　　　　　　　　　　测试地点:

项目	标准	检验方法	判定	抽测比例
显示 BAS 设备状态	正确显示 BAS 设备报警、故障、状态信息	现场操作	□通过 □不通过	不低于 5%
BAS 设备描述	设备名称、位置、编号、说明	现场查看	□通过 □不通过	不低于 5%
单控功能	在工作站人机界面选择 BAS 设备进行单控操作,成功下发命令至 BAS 系统,遥控结果在人机界面上显示	现场操作	□通过 □不通过	不低于 5%
火灾模式控制	在工作站人机界面对指定的 BAS 模式进行控制,成功下发命令至 BAS 系统,遥控结果在人机界面上显示	现场操作	□通过 □不通过	全部测试
非火灾模式控制	在工作站人机界面对指定的 BAS 模式进行控制,成功下发命令至 BAS 系统,遥控结果在人机界面上显示	现场操作	□通过 □不通过	不低于 5%
BAS 时间表编辑、下载	在工作站人机界面对 BAS 时间表进行编辑、下载操作,对应的时间表信息发送给 BAS	现场操作	□通过 □不通过	不低于 5%
权限移交	在工作站人机界面进行 BAS 权限移交和回收操作,并且操作成功	现场操作	□通过 □不通过	全部测试

续表

项目	标准	检验方法	判定	抽测比例
OPS界面图显示	在OPS上成功显示BAS大屏幕界面图	现场查看	□通过 □不通过	不低于5%
综合后备盘(IBP)（如有）	通过IBP盘按钮，可正确操作相关BAS模式控制及设备单控，指示灯正确显示相关信息	现场操作	□通过 □不通过	全部测试

（3）火灾报警系统（FAS）接口功能验收应符合设计文件规定要求，ISCS-FAS功能验证应符合表3-4中的规定。

表3-4　ISCS-FAS功能验证

测试时间：　　　　　　　　　　　测试地点：

项目	标准	检验方法	判定	抽测比例
FAS设备状态显示	模拟FAS设备状态，工作站人机界面正确显示FAS设备报警、故障状态	现场操作	□通过 □不通过	不低于5%
FAS设备描述	正确显示设备名称、位置、编号、说明等	现场查看	□通过 □不通过	不低于5%
推图功能	模拟FAS设备火灾报警状态，在工作站人机界面上推出对应该设备所属的界面图	现场操作	□通过 □不通过	不低于5%
综合后备盘(IBP)	通过IBP盘按钮，可正确操作相关消防泵，指示灯正确显示状态信息	现场操作	□通过 □不通过	全部测试

(4) 站台屏蔽门系统（PSD）接口功能验收应符合设计文件规定要求，ISCS-PSD 功能验证应符合表 3-5 中的规定。

表 3-5 ISCS-PSD 功能验证

测试时间：		测试地点：		
项目	标准	检验方法	判定	抽测比例
显示 PSD 设备状态	正确显示 PSD 设备报警、故障、状态信息	现场操作	□通过 □不通过	不低于 5%
PSD 设备描述	设备名称、位置、编号、说明	现场查看	□通过 □不通过	不低于 5%
综合后备盘(IBP)	通过 IBP 盘按钮，可正确对 PSD 设备操作，指示灯正确显示相关信息	现场操作	□通过 □不通过	全部测试

(5) 门禁系统（ACS）接口功能验收应符合设计文件规定要求，ISCS-ACS 功能验证应符合表 3-6 中的规定。

表 3-6 ISCS-ACS 功能验证

测试时间：		测试地点：		
项目	标准	检验方法	判定	抽测比例
显示 ACS 设备状态	正确显示 ACS 设备报警、故障、状态信息	现场操作	□通过 □不通过	不低于 5%
ACS 设备描述	设备名称、位置、编号、说明	现场查看	□通过 □不通过	不低于 5%
控制功能	在工作站人机界面选择门禁设备进行控制操作，成功下发命令至 ACS 系统，遥控结果在人机界面上显示	现场操作及查看	□通过 □不通过	不低于 5%

续表

项目	标准	检验方法	判定	抽测比例
综合后备盘(IBP)	通过 IBP 盘按钮，可正确对门禁设备紧急释放进行操作，指示灯正确显示相关信息	现场操作	□通过 □不通过	全部测试

（6）视频监控系统（CCTV）接口功能验收应符合设计文件要求，ISCS-CCTV 功能验证应符合表 3-7 中的规定。

表 3-7　ISCS-CCTV 功能验证

测试时间：			测试地点：	
项目	标准	检验方法	判定	抽测比例
显示视频图像	在工作站人机界面对指定的摄像机进行图像调用，对应摄像机图像在监视器中显示	现场查看	□通过 □不通过	不低于 5%
编辑/启动视频序列	在工作站人机界面对视频序列进行编辑，并且编辑成功； 通过工作站人机界面成功发送执行视频序列命令给 CCTV，在监视器中显示对应的视频序列	现场操作	□通过 □不通过	不低于 5%
云台摄像机控制（仅车站具有该功能）	在工作站人机界面对球机摄像头进行 PTZ 控制操作，并且操作成功	现场操作	□通过 □不通过	不低于 5%

续表

项目	标准	检验方法	判定	抽测比例
大屏幕显示（仅中心具有该功能）	提供大屏幕供 CCTV 画面显示	现场查看	□通过 □不通过	全部测试

（7）广播系统（PA）接口功能验收应符合设计文件要求，ISCS-PA 功能验证应符合表 3-8 中的规定。

表 3-8　ISCS-PA 车站功能验证

测试时间：　　　　　　　　　　　测试地点：

项目	标准	检验方法	判定	抽测比例
显示 PA 广播设备状态	车站工作站人机界面中能按图标库的定义实时显示车站 PA 广播设备状态、广播区状态、后备控制台手动/自动状态	现场操作	□通过 □不通过	不低于 5%
音频输出	通过车站工作站的音频输出口将广播内容发给 PA，PA 系统按控制命令的要求将音频播放到指定的区域	现场操作	□通过 □不通过	不低于 5%
列车到站自动广播	采用合适的触发源，发送列车到站自动广播命令给 PA，由 PA 进行播放	现场操作	□通过 □不通过	不低于 5%
广播监听	可选择车站任意一个广播区域，发送广播监听命令成功发送给 PA，操作员可通过 PA 监听设备对该区域现场播放的广播进行监控	现场操作	□通过 □不通过	不低于 5%

续表

项目	标准	检验方法	判定	抽测比例
广播编组设置	车站工作站人机界面可对本车站广播区域进行广播编组设置，在编组列表中正确显示设置的广播编组	查看调试记录	□通过 □不通过	全部测试

（8）乘客信息系统（PIS）接口功能验收应符合设计文件要求，ISCS-PIS 功能验证应符合表 3-9 中的规定。

表 3-9 ISCS-PIS 功能验证

测试时间：　　　　　　　　　　　　　　测试地点：

项目	标准	检验方法	判定	抽测比例
编辑和发送文本信息	在工作站人机界面编辑文本信息，并且编辑成功；将指定的文本信息发送给选定的区域以及全线列车	现场操作	□通过 □不通过	不低于5%
车载视频显示	在工作站人机界面对指定车载视频进行调用操作，车载视频调用命令成功发送给PIS，对应视频显示在工作站监视器上	现场操作	□通过 □不通过	不低于5%
转发列车到站信息	将列车到站信息转发给PIS进行显示	现场查看	□通过 □不通过	不低于5%

（9）信号系统（SIG）接口功能验收应符合设计文件要求，ISCS-SIG 功能验证应符合表 3-10 中的规定。

表 3-10 ISOS-SIG 功能验证

测试时间：　　　　　　　　　　　　测试地点：

项目	标准	检验方法	判定	抽测比例
列车位置实时信息	工作站人机界面查看列车运行位置状态与列车实际运行情况相同	现场查看	□通过 □不通过	不低于5%
站台列车到站信息	工作站人机界面查看站台列车到站信息	现场查看	□通过 □不通过	不低于5%
获取并显示实时、计划列车时间表	成功获取信号专业提供的列车时刻表，在工作站人机界面正确显示列车时刻表	现场查看	□通过 □不通过	不低于5%
发送牵引电力状态	成功发送牵引电力状态给信号专业	现场查看	□通过 □不通过	不低于5%
获取信号系统提供的转撤机位置及故障、信号机状态及故障、计轴器占用/非占用、列车驾驶模式、车辆轴重信息	获取信号系统提供的转撤机位置及故障、信号机状态及故障、计轴器占用/非占用、列车驾驶模式、车辆轴重信息，在工作站人机界面显示，并按图标库的定义进行相应的显示	现场查看	□通过 □不通过	不低于5%

（10）自动售检票系统（AFC）接口功能验收应符合设计文件要求，ISCS-AFC 功能验证应符合表 3-11 中的规定。

表 3-11　ISCS-AFC 功能验证

测试时间：		测试地点：		
项目	标准	检验方法	判定	抽测比例
显示 AFC 设备状态	正确显示 AFC 设备报警、故障、状态信息	现场查看	□通过 □不通过	不低于 5%
AFC 设备描述	设备名称、位置、编号、说明	现场查看	□通过 □不通过	不低于 5%
显示 AFC 客流信息	在工作站人机界面上查看实时客流信息，AFC 发送的数值与 ISCS 界面显示的数值一致	现场查看	□通过 □不通过	不低于 5%
综合后备盘(IBP)	通过 IBP 盘按钮，可正确对 AFC 闸机进行紧急释放操作，指示灯正确显示相关信息	现场操作	□通过 □不通过	全部测试

（11）防淹门系统（FG）接口功能验收应符合设计文件要求，ISCS-FG 功能验证应符合表 3-12 中的规定。

表 3-12　ISCS-FG 功能验证

测试时间：		测试地点：		
项目	标准	检验方法	判定	抽测比例
显示 FG 设备状态	正确显示 FG 设备报警、故障、状态信息(包括设备名称、位置、编号、说明等)	现场查看	□通过 □不通过	不低于 5%
综合后备盘(IBP)	通过 IBP 盘按钮，可正确对防淹门进行紧急操作，指示灯正确显示相关信息	现场模拟	□通过 □不通过	全部测试

（12）时钟同步功能（CLK）接口功能验收应符合设计文件要求，ISCS-CLK功能验证应符合表3-13中的规定。

表3-13　ISCS-CLK功能验证

测试时间：		测试地点：		
项目	标准	检验方法	判定	抽测比例
同步对时	修改FEP时间达到与CLK时间不一致，等待下一个校时周期后，FEP系统时间与CLK时间保持一致	现场操作	□通过 □不通过	全部测试

（13）其他接口系统功能应符合设计文件要求。

5）系统联调包括联动功能检验、系统性能检验应符合设计文件要求。

6）大屏幕系统功能和性能应符合设计文件要求，大屏幕功能检验应符合表3-14中的规定。

表3-14　大屏幕功能检验

测试时间：		测试地点：		
项目	标准	检验方法	判定	抽测比例
BAS界面大屏幕显示	在OPS上成功显示BAS大屏幕界面图	现场查看	□通过 □不通过	不低于5%
ATS界面大屏幕显示	提供大屏幕供ATS画面显示	现场查看	□通过 □不通过	不低于5%
PSCADA界面大屏幕显示	在OPS上成功显示PSCADA大屏幕界面图	现场查看	□通过 □不通过	不低于5%
CCTV大屏幕画面	提供大屏幕供CCTV画面显示	现场查看	□通过 □不通过	不低于5%

7) 网络管理系统（MNS）功能应符合设计文件要求，功能检验应符合表 3-15 中的规定。

表 3-15　MNS 功能检验

测试时间：		测试地点：	
项目	标准	检验方法	判定
显示 ISCS 设备和链接状态	正确显示 ISCS 设备以及同外部子系统链接的报警、故障、状态信息	现场查看	□通过 □不通过

8) 集中告警系统（IAS）应符合设计文件要求，工作站应监视全线主要系统设备的运行情况及事故信息，功能检验应符合表 3-16 中的规定。

表 3-16　IAS 功能检验

测试时间：		测试地点：	
项目	标准	检验方法	判定
显示设备状态	正确显示设备报警、故障、状态信息（包括设备名称、位置、编号、说明等）	查看调试记录	□通过 □不通过

9) 组态仿真测试平台符合设计文件要求，应能正确实现现场数据模拟仿真测试及程序下载，仿真测试功能检验应符合表 3-17 中的规定。

表 3-17　仿真测试功能检验

测试时间：		测试地点：	
项目	标准	检验方法	判定
仿真测算功能	正确实现现场数据模拟仿真测试及程序下载	查看测试报告	□通过 □不通过

10）培训系统功能应符合设计文件要求，应能模拟车站或中央综合监控系统实行现场操作场景的编辑和模拟，培训系统功能检验应符合表 3-18 中的规定。

表 3-18 培训系统功能检验

测试时间： 测试地点：

项目	标准	检验方法	判定
数据点位监视	使用模拟器模拟某个子系统，在工作站人机界面的对应设备图符按图标库的定义进行相应的颜色显示	现场模拟	□通过 □不通过
数据点位控制	使用模拟器模拟某个子系统，在工作站人机界面选择该系统设备进行控制，控制命令成功发送给该子系统	现场模拟	□通过 □不通过
培训功能	设置一台工作站为教师机，其他工作站作为学员机，学员机可以查看教师机的操作界面	现场模拟	□通过 □不通过

11）报表功能应符合设计文件要求，报表功能检验应符合表 3-19 中的规定。

表 3-19 报表功能检验

测试时间： 测试地点：

项目	标准	检验方法	判定	备注
报表查看和打印	在工作站人机界面报表数据显示正确，并且对应的报表打印成功	现场查看	□通过 □不通过	系统进入 PAC 前完成

4 城市轨道交通自动售检票系统

4.1 基本规定

4.1.1 城市轨道交通自动售检票系统（以下简称"AFC系统"）工程施工现场质量管理应有相应的施工技术标准，健全的质量管理体系、施工质量检验制度和施工质量水平评定考核制度。

4.1.2 AFC系统工程除应按现行国家标准《建筑工程施工质量验收统标准》（GB 50300）中的有关规定进行施工质量控制外，还应符合下列规定：

1. 工程采用的主要材料、构配件和设备，施工单位应对其外观、规格、型号和质量证明文件等进行验收，并应经监理单位检查认可。

2. 对涉及结构安全和使用功能的材料、构配件和设备，施工单位应进行检验，监理单位应按规定进行见证取样检测或平行检验，不合格的不得用于施工。

3. 新材料、新设备、新器材及进口设备和器材的进场验收，除应符合本规范规定外，尚应提供安装、使用、维修、试验及合同规定的有关文件、检测报告等。

4.1.3 AFC系统工程应为一个独立的单位工程，该单位工程应划分为分部工程、分项工程和检验批，其中分部工程又包含好几个分项工程，具体规定可参考《城市轨道交通自动售检票系统工程质量验收规范》。

4.1.4　AFC系统工程的质量验收程序和组织应符合现行国家标准《建筑工程施工质量验收统一标准》(GB 50300)中的有关规定。

4.1.5　在AFC系统工程质量验收中,对不符合规范要求的AFC系统工程,且通过返修或加固处理仍不能满足安全使用要求的分部工程、单位工程,严禁验收。

4.2　管槽安装及验收

4.2.1　施工要点

1. 在管槽安装之前,建筑条件应满足下列规定

1)车站结构已施工完毕。

2)车站地面预留的AFC系统线槽预埋位置应符合设计要求。

3)自动售票机、半自动售票机、自动加值机、自动检票机及票亭的设计安装位置与消火栓、导向牌、进出站边门、围栏等其他设施不冲突,操作维护距离应满足设计要求。

2. 管槽安装施工规范

1)在金属配管预埋时,金属配管严禁采用对口熔焊连接;镀锌和壁厚小于或等于2mm的钢导管,严禁采用套管熔焊连接。

2)当金属配管采用螺纹连接时,连接处的两端必须保证可靠接地连通。

3)镀锌的钢导管。可挠性导管不得熔焊跨接接地线,以专用接地卡跨接的两卡间连线为铜芯软导线时,截面面积

不小于 4mm²。

4）金属线槽、金属导管、接线盒、分向盒必须电气连接，且必须可靠接地。

5）预制金属弯管时，弯成的角度应不小于 90°；弯曲半径应不小于管外径的 1 倍，管弯处不应有裂缝和明显的弯扁。

6）暗配的金属导管，其深埋深度与建筑物、构筑物表面的距离应不小于 15mm；金属导管应排列整齐，固定点间距应均匀，安装牢固；在金属导管的终端、弯头中点或柜、台、箱、盘等边缘的距离 150～500mm 范围内应设有关卡，中间直线段关卡间的最大距离应符合表 4-1。

表 4-1 关卡间最大距离

敷设方式	导管种类	导管直径(mm)				
		15～20	25～32	32～40	50～65	65 以上
		关卡间最大距离(m)				
暗配	壁厚＞2mm 刚性钢导管	1.5	2.0	2.5	2.5	3.5
	壁厚≤2mm 刚性钢导管	1.0	1.5	2.0	—	—
	刚性绝缘导管	1.0	1.5	1.5	2.0	2.0

7）可挠性导管敷设应符合下列规定：

（1）可挠性导管与金属导管或电气设备、器具间的连接应采用专用接头；可挠性导管的连接处应密封良好，防水覆盖层应完整无损。

（2）可挠性导管不能作接地的连续导体。

（3）可挠性导管经过建筑物伸缩缝和沉降缝时，采用保护措施。

3. 管槽封口施工规范

1) 当预埋管引出地面时,管口应光滑,管口宜高出基础面50~80mm。

2) 当预埋线槽引出地面时,槽口应光滑,槽口宜高出基础面50~80mm。

4. 桥架安装施工规范

1) 桥架水平安装的支架间距不大于2m;垂直安装的支架间距不大于2m;桥架安装横平竖直,排列整齐,弯曲度一致;桥架水平度每米偏差不超过2mm。

2) 桥架与支架、桥架连接板之间的螺栓紧固,螺母位于桥架外侧。

3) 桥架敷设在易燃易爆气体管道和热力管道的下方,当设计无要求时,桥架与管道的最小间距应符合表4-2。

表4-2 桥架与管道的最小间距(m)

管道类别		平行间距	交叉间距
一般工艺管道		0.4	0.3
易燃易爆气体管道		0.5	0.5
热力管道	有保温层	0.5	0.3
	无保温层	1.0	0.5

4.2.2 质量控制措施

1) 工程采用的设备、材料应进行进场验收,不合格的不得用于工程。

2) 施工技术交底要明确,工法工艺作业队人员要统一。

3) 在线槽续接时,使用线槽成品连接线或将连接线压接紧密。

4）工序之间应进行交接检验，上道工序应符合下道工序的施工条件和技术要求；相关专业之间接口的交接检验应经监理单位检查认可，未经检查或检查不合格的，不得进行下道工序施工。

4.2.3 质量检查与验收

1. 管槽安装检查与验收内容

1）金属线槽预埋的质量应符合下列规定：

金属线槽出线盒处应采取防水、防尘措施，能承受车站地面相同的压力，并应符合设计要求。

2）分向盒、接线盒预埋的质量应符合下列规定：

分向盒、接线盒处应采取防水、防尘措施，能承受车站地面相同的压力，并应符合设计要求。

3）线槽的安装质量应符合下列规定：

（1）线槽连接牢固，无明显的变形。

（2）明敷的直线段金属线槽长度超过 30m 时设伸缩节。

2. 管槽接头质量检查与验收内容

1）金属导管与金属导管、金属导管与分向盒的连接应紧密、牢固。

2）金属导管与金属导管、金属导管与分向盒的连接处应做防水处理。

3. 管槽封口检查与验收内容

1）所有预埋管的头部应进行封堵，防止杂物进入。

2）预埋线槽的接头应设堵头进行封口，并应采取防水、防尘措施。

4. 桥架安装检查与验收内容

1）桥架安装的质量检验应符合下列规定：

（1）桥架和引入或引出的金属导管保证可靠接地。

(2) 桥架全长与接地干线连接不少于 2 处。
(3) 桥架间连接板的两端保证可靠接地连通。
2) 当桥架经过伸缩缝、沉降缝时,在工艺上应采取保护措施。

4.3 线缆敷设及验收

4.3.1 施工要点
1. 线缆敷设施工规范
1) 管槽内线缆敷设应平直,不能扭绞、打圈。线缆在管槽内应没有接头。
2) 线槽敷设截面利用率和保护管敷设截面利用率应符合现行国家标准《城市轨道交通通信工程质量验收规范》(GB 50382) 中的有关规定。
3) 线槽敷设时应留有一定余量,在设备出线处根据实际情况预留。
4) 敷设于水平线槽内的线缆,每隔 3～5m 宜绑扎固定;敷设于垂直线槽内的线缆每隔 2m 宜绑扎固定。
5) AFC 设备室的室内配线高度应一致,与其他管线交叉或穿越墙壁和楼板时应进行防护。

2. 线缆引入施工规范
1) 线缆引入时,引入口处加防护。
2) 配线设备端子跳线排列整齐顺直。配线箱底孔引进电缆后堵牢。

3. 线缆接续施工规范
1) 光纤接续施工规范
(1) 芯线按光纤色谱排列顺序对应接续;光纤接续部位

应采用热缩加强管保护,加强管收缩应均匀、无气泡。

(2)光缆的金属外护套和加强芯应紧固在接头盒内,同一侧的金属外护套与金属加强芯在电气上应连通,两侧的金属外护套、金属加强芯应绝缘。

(3)光缆接头盒盒体安装应牢固、密封良好。

(4)光纤收容时的余长单端引入引出长度不应小于0.8m,两端引入引出长度不应小于1.2m。

(5)光纤收容时的弯曲半径不应小于40mm。

(6)光缆接头处的弯曲半径不应小于护套外径的20倍。

(7)光缆接续后宜余留2~3m长度。

2)电缆接续施工规范

(1)电缆接续时芯线线位应正确、连接可靠。

(2)直通电缆两侧的金属护层及屏蔽钢带应有效连通。

(3)电缆成端的弯曲半径不应小于电缆外径的15倍。

4.3.2 质量控制措施

1)工程采用的设备、材料应进行进场验收,不合格的不得用于工程。

2)施工技术交底要明确,工法工艺作业队人员要统一。

3)在线缆布放时,应使用成品线槽弯头、三通、四通,并在转弯处加装格挡。放线时在拐弯处做好适当余留。

4.3.3 质量检查与验收

1. 线缆敷设质量检查与验收内容

1)数据电缆、电源电缆、控制电缆的型号、规格、数量和质量应符合设计要求。

2)数据电缆和控制电缆与电源电缆应分管分槽敷设。线缆出入口处,应做密封处理并满足防火要求。

3)配线用的分线设备及部件的绝缘电阻应符合设备技

术条件的规定。

2. 线缆引入质量检查与验收内容

1）配线设备的型号、规格、数量应符合设计要求。配线设备的绝缘电阻应符合设备技术条件规定。

2）线缆应有明显标志,并应标明线缆的型号、长度。

3. 线缆接续质量检查与验收内容

1）光纤连接应符合下列规定：

（1）单模光纤接续平均损耗不大于 0.1dB，多模光纤接续平均损耗不大于 0.2dB。

（2）光纤的弯曲半径不小于 40mm。

2）数据电缆接续应符合下列规定：

（1）线缆在终接前，核对缆线标识内容的正确性。

（2）线缆中间无接头。

（3）线缆终接处牢固，接触良好。

（4）线缆终接应符合现行国家标准《综合布线系统工程验收规范》（GB/T 50312）中的有关规定。

3）电源电缆接续应符合下列规定：

（1）电源电缆接续应正确。

（2）横截面面积在 $10mm^2$ 及以下的单股铜芯线直接与设备的端子连接。

（3）横截面面积在 $2.5mm^2$ 及以下的多股铜芯线拧紧搪锡或连接端子后与设备端子连接。

（4）横截面面积大于 $2.5mm^2$ 的多股铜芯线，除设备自带插接式端子外，焊接或压接端子后再与设备端子连接；多股铜芯线与插接式端子连接前，端部拧紧搪锡。

4）电源电缆的芯线连接管和端子规格与芯线的规格适配，且不得采用开口端子。

4．线缆特性检测

1）控制电缆线间和线对地间的绝缘电阻值应大于 0.5MΩ。

2）每根光纤接续损耗平均值应符合下列指标：

（1）1310nm、1550nm 波长时单模光纤 $\alpha \leqslant 0.08$dB。

（2）多模光纤 $\alpha \leqslant 0.2$dB。

3）光纤线路衰减测试值应小于线路衰减计算值。光纤线路衰减计算值应按下式计算：

$$\alpha_1 = \alpha_0 L + \alpha n + \alpha_c m$$

式中 α_1——光纤线路衰减（dB）；

α_0——光纤衰减标称值（dB/km）；

α——光缆中继段每根光纤双向接头平均损耗（dB），单模光纤 $\alpha \leqslant 0.08$dB（1310nm、1550nm），多模光纤 $\alpha \leqslant 0.2$dB；

α_c——光纤活动连接器平均损耗（dB），单模光纤 $\alpha_c \leqslant 0.7$dB，多模光纤 $\alpha_c \leqslant 1.0$dB；

L——光缆中继段长度（km）；

n——光缆中继段内每根光纤接头数；

m——光缆中继段内每根光纤活动连接器数。

4）光缆布线链路的最小光回波损耗应大于表 4-3 中的规定。

表 4-3 光缆布线链路的最小光回波损耗

类别	单模光纤		多模光纤	
波长(nm)	1310	1550	850	1300
光回波损耗(dB)	26	26	20	20

5）光缆布线链路的衰减（或介入损耗）在规定的传输

窗口不应大于表 4-4 中的规定。

表 4-4 光缆布线链路的衰减

布线	链路长度 (m)	衰减			
		单模光纤		多模光纤	
		1310nm	1550nm	850nm	1300nm
水平	100	2.2	2.2	2.5	2.5
配线(水平)子系统	500	2.7	2.7	3.9	2.6
干线(垂直)子系统	1500	3.6	3.6	7.4	3.6

6）数据电缆的特性指标应符合现行国家标准《综合布线系统工程验收规范》(GB/T 50312) 中的有关规定。

4.4 设备安装与配线

4.4.1 施工要点

1. 车站终端设备安装之前，建筑条件应符合下列规定：

1）墙面、地面要装饰完毕。

2）设备安装位置预留出线口，出线口尺寸、数量、位置应符合设计要求。预留安装设备的出线口制作活动地板或装饰面板。

2. AFC 机房设备安装之前，建筑条件应符合下列规定：

1）机房内机柜底座应提前依照图纸位置进行安装。

2）防静电地板铺设完毕，架空高度、地板均布荷载符合设计要求。

3）防静电地板根据设计要求进行防静电接地连接，接地导线分别与地板支撑和防静电接地铜排可靠连接。接地导线采用多股铜线,导线截面面积不小于 $1.5mm^2$。

4)机房门、窗、锁和环控等设施完好,湿度等环境符合设计要求。

3. 车站终端设备安装施工规范

1)要保证终端设备外形完好,表面无划痕及破损。

2)终端设备安装时,接地点和设备接地必须连接可靠。

3)终端设备构件连接要紧密、牢固,安装用的固件要有防锈层。

4)各类终端设备周围留出足够的操作和维护空间。

5)设备、底座安装要牢固,底座与地面间做防水处理;设备安装垂直、水平偏差要小于 2mm,自动检票机水平间隔偏差小于 5mm。

4. 机房设备安装施工规范

1)机柜的安装应符合下列规定:

(1)机柜固定要牢固、垂直、水平,允许偏差为 2mm。

(2)同列机柜正面位于同一平面,允许偏差为 5mm。

2)设备的机箱之间不能碰撞,漆饰应良好,不能有严重脱漆和锈蚀。

3)服务器、工作站、交换机、打印机和编码分拣机安装时,位置应准确,安装要牢固、稳定。

5. 设备配线施工规范

1)配线电缆、光跳线的纤芯应无错线或短线、混线,中间不能有接头,配线两端的标志应齐全、清晰。

2)光缆尾纤应按标定的纤序连接设备。光缆线应单独布放,并应采取垫衬固定,不能挤压和扭曲。

3)当设备配线采用焊接时,焊接后芯线绝缘层应无烫伤、开裂及后缩现象,绝缘层离开端子边缘露铜不宜大于1mm。

4)当设备配线采用卡接时,电缆芯线的卡接端子应接触牢固。

5)配线电缆和电源线应分开布放,间距不应小于50mm。交流配线和直流配线应分开绑扎。

6)多芯电缆应压线后再接入接线端子。

4.4.2 质量控制措施

1)设备安装和设备配线时,采用的设备、材料应进行进场验收,不合格的不得用于工程。

2)设备安装时,使用的电器具不能损伤设备。

3)设备配线时,缆线和光跳线不能挤压、扭曲和背扣。

4)施工完成后进行质量检查,把零乱的线绑扎,并固定。

4.4.3 质量检查与验收

1. 设备安装与配线的验收应包括车站终端设备、机房设备、紧急按钮的安装与配线检验。

2. 车站终端设备安装检查与验收内容

1)终端设备的进场质量应符合下列规定:

(1)设备安装前对设备进行开箱检查,设备要完好无缺,附件资料要齐全。

(2)终端设备的型号、规格、质量和数量要符合设计要求。

2)终端设备安装的质量应符合下列规定:

(1)设备安装位置应符合设计要求。

(2)设备安装的通道宽度要符合设计要求。

(3)安装于自动检票机上方的出入导向显示设备应安装牢固,安装位置应符合设计要求。

3.机房设备安装检查与验收内容

1）服务器、工作站、交换机、打印机、编码分拣机和机柜的型号、规格、质量和数量应符合设计要求。

2）各种机柜插接件应插接准确、牢固。

3）设备的附备件应齐全完整。

4.紧急按钮安装检查与验收内容

紧急按钮安装的质量应符合下列规定：

1）紧急按钮的安装位置应符合设计要求。

2）紧急按钮的安装要考虑操作方便并有明显醒目的标志。

3）引入电缆或引出线采用屏蔽保护措施。

5.设备配线检查与验收内容

1）设备配线线缆的规格、型号应符合设计要求。

2）设备间的配线线缆不得破损、受潮、扭曲、折皱；配线转弯的弯曲半径不得小于线缆直径的5倍。在进、出设备的部位和转弯处，应固定牢固。

3）设备间的配线线缆中间不得有接头，连接方式应符合设计要求。

4）设备间的线缆布放应平直整齐；绑扎应牢固。

4.5 电源、接地、防雷与电磁兼容

4.5.1 施工要点

1.电源设备安装施工规范

1）电源设备安装应符合下列规定：

（1）UPS机柜、电池柜应固定在金属支架上，不应直接放置在防静电地板上。

(2) 电源柜安装垂直度允许偏差为 1.5‰。

(3) 电源柜应按设计要求采用防振措施。

(4) 电源柜安装应牢固、端正。

(5) 表面应平整,漆饰完好,标志齐全。

2) 蓄电池安装应符合下列规定:

(1) 稳固、平整;标志正确、清晰、齐全。

(2) 无渗漏。

(3) 蓄电池架(柜)布设平稳、牢固、端正,全场水平偏差小于 15mm。

3) 配电箱安装应符合下列规定:

(1) 箱体无损坏或明显变形、开孔合适,切口整齐,漆饰完好。

(2) 暗式配电箱箱盖紧贴墙面。

(3) 配管与箱体连接有专用锁紧螺母。

(4) 配电箱安装要牢固,箱底边距地面宜为 1.5m。

4) 配电柜各单元应插接良好,电气接触点应接触可靠、连接紧密;输入电源的相线和零线不能接错,其零线不能虚接或断开。

5) UPS 输出端的中性线(N 极),必须与由接地装置直接引来的接地干线相连接并重复接地。UPS 装置的可接近裸露导体应接地可靠,且应有标识。

2. 电源布线施工规范

1) 电源布线应符合下列规定:

(1) 交、直流电源线缆应分开布放,不能绑在同一线束内。

(2) 电源布线不能有接头。

(3) 不同电压等级的线缆应分类布置,并应分别单独设槽、管敷设，在同一线槽内宜采用隔板隔开。

（4）电源线缆与数据线缆交叉敷设时宜呈直角，平行敷设时，电源线缆与数据线缆的间距应符合设计要求。

（5）电源线缆与数据线缆和控制电缆分管分槽敷设。

2）电源端子连接必须正确，电源线缆两端的标志必须齐全。直流电源线必须以线色区别正、负极性，直流电源正、负极严禁错接与短路，接触必须牢固；交流电源线必须以线色区别相线、零线、地线，严禁错接与短路，接触必须牢固。

3．防雷与接地施工规范

1）接地安装应符合下列规定：

（1）接地方式、设备接地端子排列、地线接入及连接应符合设计要求。

（2）接地铜排和螺栓、地线盘端子与室内接地连接导线连接应牢固，接触应良好。

（3）接地装置的各种连接处，应镀锡过渡，焊接不能有假焊或虚焊现象，焊点应做防腐处理。

（4）屏蔽接地要求数据电缆屏蔽层应单端接地。

（5）接地连接绝缘铜芯导线截面面积不得小于$16mm^2$。

（6）金属线槽及其支架和引入或引出的金属导管应可靠接地。

（7）接地隐蔽工程部分应有检查验收合格记录。

（8）配电箱接地保护应可靠，且应有标识。

2）系统的雷电防护等级。防雷电设施的设置位置、方式及数量应符合设计要求。

4.5.2　质量控制措施

1）在电源设备安装和配线时，采用的设备、材料应进行进场验收，不合格的不得用于工程。

2）制作蓄电池架（柜）时，使用的电器具不能损伤设备。

3）在电源设备配线时，缆线不能挤压、扭曲和背扣。

4）施工完成后进行质量检查，把零乱的线绑扎，固定。

4.5.3 质量检查与验收

1. 电源设备安装检查与验收内容

1）电源设备到达现场应对其型号、规格及容量进行检查，并且要符合设计要求。

2）电源设备的安装位置、顺序、方向及进出线方式应符合设计要求。

3）电源设备各种仪表指示应正常。

2. 电源布线检查与验收内容

1）电源线缆的型号、规格及数量应符合设计要求；电源线缆不得破损、受潮、扭曲、折皱；端子型号应正确。

2）电源线缆与数据线缆和控制电缆要分管分槽敷设。

3）电源线连接到地面插座盒、墙上插座盒、多功能插座板的接线应正确，设备引出电源线的位置应合适。

4）电源线缆的敷设路径和固定方法应符合设计要求。

5）设备内外接线固定松紧应适度，无裸露导电部分。

3. 防雷与接地检查与验收内容

1）防雷、工作（或联合）接地、保护地线与设备连接应符合设计要求。

2）接地连接导线布放不得有接头。

3）设备的接地线与工作（或联合）地线及保护地线的连接应良好牢固。

4）从公用综合接地体引出的位置应符合设计要求。

4. 电源与接地的检测

1) 电源设备测试应符合下列规定:

(1) 电源设备带电部分与金属外壳间的绝缘电阻大于 5MΩ。

(2) 首次充、放电的各项指标均要符合设计要求。

2) 电源设备的电性能测试应符合下列规定:

(1) 人工或自动转换时,供电不能中断。

(2) 故障报警准确、可靠。

(3) 蓄电池组容量要符合设计要求。

(4) 输出电压和输出电流超限时,保护电路动作准确。

(5) 输入电源故障时,能自动转换蓄电池组供电。

(6) UPS 的输入、输出各级保护系统和技术性能指标要符合设计要求。

3) 电源监控应能检测主电源及后备电源的供电情况。

4) 电源线缆的芯线间和芯线对地的绝缘电阻应大于 0.5MΩ。

5) 防雷设备的选用应符合设计要求,应由有资质的防雷测试单位进行检测,并应出具检测合格报告。

6) 防雷接地与交流工频接地、直流工作接地、安全保护接地必须共用综合接地体,接地装置的接地电阻必须按接入设备中要求的最小值确定,其接地电阻测试值严禁大于 1Ω。

5 城市轨道交通站台屏蔽门系统

5.1 施工安装要点

5.1.1 施工准备

1. 施工安装前应进行施工现场检查、管线预埋配合、安装材料报验和设备开箱检验,各项质量管理工作应符合《施工现场质量管理检查记录》的要求。

2. 施工安装启动应具备下列条件:

(1) 工程开工令已批复;

(2) 站台区结构部分已施工完成且已通过验收(重点应检查结构标高偏差及结构板是否侵入设备限界);站台屏蔽门控制室隔墙施工完毕,线槽、线管穿墙预留孔、洞无遗漏;

(3) 完成轨道施工进行轨顶标高及站台区轨道中心线交接,并确认无误;

(4) 设备安装位置、管槽安装路径和标高经现场确认与施工图相符;

(5) 安装环境及电源满足施工要求。

3. 设备备产及检查准备工作

1) 站台屏蔽门设备集成、监理、设计、信号设备集成、建设、施工单位应协商确定站台屏蔽门与信号系统接口文件,并书面确认,接口文件应包括以下内容;

2) 接口的位置;通信方式及通信协议;电气要求;接

口双方的划分及接口责任；接口性能及功能具体要求；双方接口的具体点表、类表；接口的接线图、原理图提交及工厂测试、接口测试安排；

3) 站台屏蔽门设备集成、监理、设计、综合监控设备集成、建设、施工单位应协商确定站台屏蔽门与综合监控系统接口文件，并书面确认，接口文件内容（同上）；

4) 设备样机应委托检测单位进行样机测试，以校验站台屏蔽门的各项性能及功能，并出具检测报告。

5.1.2 施工安装要点

1. 根据设计要求确定门体接地配置，并应符合以下要求

1) 当采用钢轨作回流轨时，屏蔽门应与钢轨进行等电位连接，等电位连接应符合下列规定：

（1）正常情况下人体可触及的屏蔽门金属构件应与土建结构绝缘，单侧站台门体与车站土建结构之间的绝缘电阻在500VDC下不应小于0.5MΩ。

（2）在屏蔽门站台侧、端门内外的地面应设置距离门体不小于900mm的绝缘区域；在端门内外两侧墙面高2m范围内应设置距离门体不小于900mm的绝缘区域。

2) 当钢轨不作回流轨时，屏蔽门应通过接地端子连接车站的接地网。

3) 屏蔽门系统车站台区域的不带电外露金属部分应进行等电位连接，单侧站台屏蔽门整体电阻值不应大于0.4Ω。

2. 管、线槽、托架安装

1) 管、线槽（桥架）、托架安装应符合现行国家标准《建筑电气工程施工质量验收规范》（GB 50303）的规定；

（1）金属管、金属线槽跨接接地形式应符合要求；紧定

式金属管连接紧定螺丝必须到位，当管径大于（不含）D32时应使用不少于两个固定螺丝；其他连接应采用不小于4平方黄绿软铜线的接地线跨接。

（2）管、线槽（桥架）水平安装的支架间距宜为1.5～3.0m（具体由设计确定并应符合1.1.8条的规定），垂直安装的支架间距不应大于2m；采用金属吊架固定时，圆钢直径不得小于8mm，并应有防晃支架（不大于20m），在分支处或端部0.3～0.5m处应有固定支架。

（3）弱电线槽应布置在易燃易爆气体和热力管道的下方，与各类管道的最小净距应符合表5-1中的规定。

表5-1 母线槽及电缆梯架、托盘和槽盒与管道的最小净距（mm）

管道类别		平行净距	交叉净距
一般工艺管道		400	300
可燃或易燃易爆气体管道		500	500
热力管道	有保温层	500	300
	无保温层	1000	500

（4）配线槽盒与水管同侧上下敷设时，宜安装在水管的上方；与热水管、蒸汽管平行上下敷设时应敷设在热水管、蒸汽管的下方，当有困难时，可敷设在热水管、蒸汽管的上方；相互间的最小距离宜符合表5-2中的规定。

表5-2 导管或配线槽盒与热水管、蒸汽管间的最小距离（mm）

导管或配线槽盒的敷设位置	管道种类	
	热水	蒸汽
在热水、蒸汽管道上面平行敷设	300	1000

续表

导管或配线槽盒的敷设位置	管道种类	
	热水	蒸汽
在热水、蒸汽管道下面或水平平行敷设	200	500
在热水、蒸汽管道交叉敷设	不小于其平行的净距	

注：1. 对有保温措施的热水管、蒸汽管，其最小距离不宜小于200mm；
　　2. 导管或配线槽盒与不含可燃及易燃易爆气体的其他管道的距离，平行或交叉敷设不应小于100mm；
　　3. 导管或配线槽盒与可燃及易燃易爆气体不宜平行敷设，交叉敷设处不应小于100mm；
　　4. 达不到规定距离时应采取可靠有效的隔离保护措施。

（5）构造措施：敷设在电气竖井内穿楼板处和穿越不同防火区的梯架、托盘和槽盒，应有防火隔堵措施；敷设在电气竖井内的电缆梯架或托盘，其固定支架不应安装在固定电缆的横担上，且每隔3～5层应设置承重支架；敷设在室外的梯架、托盘和槽盒，当进入室内或配电箱（柜）时应有防雨水措施，槽盒底部应有泄水孔；承力建筑钢结构构件上不得熔焊支架，且不得热加工开孔。

（6）支吊架设置应符合设计或产品技术文件要求，支吊架安装应牢固，无明显扭曲；与预埋件焊接固定时，焊缝应饱满；膨胀螺栓固定时，螺栓应选用适配，防松零件齐全、连接紧固。

（7）金属支架应进行防腐，位于室外及潮湿场所的应按设计要求做处理。

（8）支、吊架间距应按设计规定。若设计不作规定，应按承受均布荷载时相对挠度不应大于1/200为原则，根据计算的实际均布荷载不大于桥架制造厂产品说明书中《在不同跨距下最大允许均布荷载及变形量图》的最大均布荷载，确定支、吊架间距为1.5m、2m还是2.5m。大规格桥架、敷设电力电缆的填充率接近30%时，支、吊架间距定为1.5m。在可以不计附加集中荷载的场合，桥架规格较小时，支、吊架间距可放宽到2.5m。大跨距桥架的支、吊架间距（3~6m），应按对应的允许均布荷载及变形量图计算。

（9）在桥架直线上，离直线段与非直线段弯通和变径直径连接300~600m处应设吊、支架。当弯通弯曲半径大于300mm时，在非直线段中部应增设一个支、吊架。离终端200~300mm处，过伸缩缝之前和之后约200mm处，直线段超过30m处的补偿装置前和后200mm处应设支、吊架。

2）安装应符合现行国家标准《自动化仪表工程施工及质量验收规范》（GB 50093）的规定；缆线桥架的安装应符合下列规定：

（1）安装位置应符合施工图要求，左右偏差不应超过50mm；

（2）安装水平度每米偏差不应超过2mm；

（3）垂直安装应与地面保持垂直，垂直变偏差不应超过3mm；

（4）桥架截断处及拼接处应平滑、无毛刺；

（5）吊架和支架安装应保持垂直，整齐牢固，无歪斜现象；

（6）金属桥架及金属导管各段之间应保持连接良好，安装牢固；

（7）采用垂直槽盒布放缆线时，支撑点宜避开地面沟槽和槽盒位置，支撑应牢固。

3）材料、材质、规格应符合《自动化仪表工程施工及质量验收规范》（GB 50093—2013）的规定：

（1）地下通信管道和人（手）孔所使用器材的检查及室外管道的检验，应符合现行国家标准《通信管道工程施工及验收标准》(GB/T 50374)的有关规定；

（2）各种型材的材质规格、型号应符合设计文件的要求，表面应光滑、平整，不得变形、断裂；

（3）金属导管、桥架及过线盒、接线盒等表面涂覆或镀层应均匀、完整，不得变形、损坏；

（4）室内管材采用金属导管或塑料导管时，其管身应光滑、无伤痕，管孔无变形，孔径、壁厚应符合设计文件要求；

（5）金属管槽应根据工程环境要求做镀锌或其他防腐处理；塑料管槽应采用阻燃型管槽，外壁应具有阻燃标记；

（6）各种金属件的材质、规格均应符合质量要求，不得有歪斜、扭曲、飞刺、断裂或破损；

（7）金属件的表面处理和镀层应均匀、完整，表面光洁，无脱落、气泡等缺陷。

3. 线缆敷设

1）一般规定：

（1）管线敷设应采取防电磁干扰的措施。

（2）信号线与电源线应分开敷设。

（3）信号线宜直接进入设备端子；当采用屏蔽线时，屏蔽层应连续；接地点宜选择信源端。

（4）冗余线路宜采用不同路径。

（5）中央控制室、车站机房的管线应集中敷设。

2）线缆穿管安装应符合现行国家标准《建筑电气工程施工质量验收规范》(GB 50303)的规定。

（1）同一交流回路的绝缘导线不应敷设于不同的金属槽

盒内或穿于不同金属导管内。

（2）除设计要求以外，不同回路、不同电压等级和交流与直流线路的绝缘导线不应穿于同一导管内。

（3）绝缘导线接头应设置在专用接线盒（箱）或器具内，不得设置在导管和槽盒内，盒（箱）的设置位置应便于检修。

（4）除塑料护套线外，绝缘导线应采取导管或槽盒保护，不可外露明敷。

（5）绝缘导线穿管前，应清除管内杂物和积水，绝缘导线穿入导管的管口在穿线前应装设护线口。

（6）与槽盒连接的接线盒（箱）应选用明装盒（箱）；配线工程完成后，盒（箱）盖板应齐全完好。检查数量：全数检查。检查方法：观察检查。

（7）当采用多相供电时，同一建（构）筑物的绝缘导线绝缘层颜色应一致。

3）槽盒内敷线应符合下列规定：

（1）同一槽盒内不宜同时敷设绝缘导线和电缆。

（2）同一路径无防干扰要求的线路，可敷设于同一槽盒内。

（3）导管内的绝缘导线总截面面积（包括外护套）不应超过槽盒内藏面积的40%。当控制和信号等非电力线路敷设于同一槽盒内时，绝缘导线的总截面不应超过槽盒内截面积的60%。

（4）槽盒内导线排列应整齐、有序；敷线完成后，槽盒盖板应复位，盖板应齐全、平整、牢固。

（5）软管固定间距不应大于1m，距离端头不应大于0.1m。

4. 设备安装施工要点

1) 设备安装前应检查安装环境,环境应干燥,无渗漏,无影响设备使用的不良条件如灰尘、散热不良等不利条件;

2) 设备安装使用的机柜、支架、底座应安装牢固,位置准确,无倾覆、倒塌等不安全风险;安装支架固定方式要与设备配套;

3) 设备安装前安装人员应仔细检查安装区域的条件,核对设计安装槽位及配线布置,确定无误后方可进行正式安装;

4) 设备安装时应先就位并进行初步固定,再调整设备整齐度、线度、垂直度,再进行固定,螺钉固定时应逐步进行,紧定时应确保固定点受力均匀,防止出现不均匀受力影响设备正常使用;

5) 配线端接时应根据线不同类型进行配线线路的布置,确定最佳配线线路、弯曲半径及直线方向,在保证观感的前提下确保配线不易折断、损坏;配线类型较多时应优选考虑使用走线槽布线;

6) 成品配线使用前应进行质量测试,符合要求方可使用。

5.2 质量控制要点

5.2.1 通用质量控制要求

1. 固定支、吊架的如采用化学螺栓安装,化学锚栓应在监理见证下进行现场拉拔检测,检测数量按设计要求,当设计无要求时按不少于1‰进行检测;检测单位应具备检测资质;

2. 进场电线电缆应进行见证取样送检电阻值，检测数量按设计要求或业主规定执行，但不得少于线缆规格10%且不少于2组；

3. 进场电线电缆应进行见证取样送检防火等级，检测数量按设计要求或业主规定执行；

4. 施工质量的验收应符合下列规定：

1）隐蔽工程应在下道工序施工前进行100%验收；

2）线槽、线管、支架敷设质量抽检比例不应低于20%；

3）线缆敷设和端接质量抽检比例不应低于20%；

4）各类控制箱、柜、盘安装质量抽检比例不应低于20%且不应少于10台，当少于10台时应全部检查；

5）每种类型传感器安装质量抽检比例不应低于10%且不应少于10台，当少于10台时应全部检查；

6）每种类型执行器安装质量抽检比例不应低于10%且不应少于10台，当少于10台时应全部检查。

5.2.2 材料进场质量控制

1. 材料进场前应核对材料品牌、规格型号符合设计及投标文件要求，审查相关质量证明资料。

2. 进场材料应进行现场检查验收，并检查以下工作：

1）线缆类材料验收

（1）查验合格证：

质量证明书或合格证、出厂检验报告；

复试报告；按各类规格10%抽检，且不少于2组；

外观质量、规格型号、品牌；

进口材料报关单。

（2）外观检查：包装完好，电缆端头应密封良好，标识应齐全。抽检的绝缘导线或电缆绝缘层应完整无损,厚度均匀。电缆无压扁、扭曲,铠装不应松卷。绝缘导线、电缆外护层应有明显标识和制造厂标。

(3) 检测绝缘性能：电线、电缆的绝缘性能应符合产品技术标准或产品技术文件规定。

(4) 检查标称截面面积和电阻值：绝缘导线、电缆的标称截面面积应符合设计要求,其导体电阻值应符合现行国家标准《电缆的导体》(GB/T 3956)的有关规定。当对绝缘导线和电缆的导电性能、绝缘性能、绝缘厚度、机械性能和阻燃耐火性能有异议时,应按批抽样送有资质的实验室检测。检测项目和内容应符合国家现行有关产品标准的规定。

2) 金属管及金属线槽

金属材料合格证明书或检验报告;

经销单位质量证明书抄件;

表面防腐处理应符合设计要求,查验厂家合格证明;

现场检查材料外观质量：是否存在锈蚀、变形、破损影响使用的质量缺陷;

检查材质及材料厚度应符合设计要求且不低于表 5-3 中的要求。

表 5-3　电缆桥架允许最小板材厚度 (mm)

宽度 B	允许最小板厚
$B \leqslant 150$	1.0
$150 < B \leqslant 300$	1.2
$300 < B \leqslant 500$	1.5
$500 < B \leqslant 800$	2.0
$800 < B$	2.2

5.2.3 设备进场质量控制要点

1）进场设备质量应符合设计要求及招投标文件要求，进场时应组织进行开箱验收及到货验收包括但不限于：品牌及生产厂家、型号、规格、数量、产地、外观质量；

2）进场设备应按投标文件要求办理《到货检验记录》《开箱验收记录》，监理、施工、设备集成单位办理交接手续；

3）设备质量证明书或合格证齐全，进口设备应提供报关单；（全数检查，查报审表）需进行3C认证设备应提供3C认证证书，消防类产品应提供型式检验报告；

4）进场设备应进行上电检查，抽检设备总数10%，且不少于2台。

5.3 站台屏蔽门质量验收

1）主控项目的质量经抽样检验均应合格，允许偏差项目全部合格；

2）一般项目的质量经抽样检验合格，允许偏差项目合格率不得低于80%，且不得大于允许值的1.5倍；

3）具有完整的施工操作依据、质量验收记录。

参考文献

[1] 中华人民共和国住房和城乡建设部. 地下铁道工程施工质量验收标准(两册)：GB/T 50299—2018[S]. 北京：中国建筑工业出版社，2018.

[2] 中华人民共和国住房和城乡建设部. 建筑工程施工质量验收统一标准：GB 50300—2013[S]. 北京：中国建筑工业出版社，2013.

[3] 中华人民共和国住房和城乡建设部. 城市轨道交通信号工程施工质量验收标准：GB/T 50578—2018[S]. 北京：中国计划出版社，2018.

[4] 中华人民共和国住房和城乡建设部. 城市轨道交通综合监控系统工程技术标准：GB/T 50636—2018[S]. 北京：中国建筑工业出版社，2018.

[5] 中华人民共和国住房和城乡建设部. 城市轨道交通站台屏蔽门系统技术规范：CJJ 183—2012[S]. 北京：中国建筑工业出版社，2012.

[6] 中华人民共和国住房和城乡建设部. 城市轨道交通站台屏蔽门：CJ/T 236—2006[S]. 北京：中国标准出版社，2006.

[7] 国家市场监督管理总局. 轨道交通 站台门电气系统：GB/T 36284—2018[S]. 北京：中国标准出版社，2018.